大韓愛歌
대한애가

대한애가

초판 1쇄 발행 2025년 3월 1일
2쇄 발행 2025년 3월 14일

지은이 안노의
펴낸이 장길수
펴낸곳 지식과감성#
출판등록 제2012-000081호

교정 이주희
디자인 강샛별, 김희영
편집 강샛별
검수 이주희, 이현
마케팅 김윤길

주소 서울시 금천구 벚꽃로298 대륭포스트타워6차 1212호
전화 070-4651-3730~4
팩스 070-4325-7006
이메일 ksbookup@naver.com
홈페이지 www.knsbookup.com

ISBN 979-11-392-2440-5(03910)
값 13,000원

- 이 책의 판권은 지은이에게 있습니다.
- 이 책 내용의 전부 또는 일부를 재사용하려면 반드시 지은이의 서면 동의를 받아야 합니다.
- 잘못된 책은 구입하신 곳에서 바꾸어 드립니다.

지식과감성#
홈페이지 바로가기

서사시로 풀어 쓴 대한국사

大韓愛歌
대한애가

안노의(安老醫) 지음

지식감성

『대한애가』 시평(詩評) — 대한애가에 부치다
역사는 그저 지나간 일이 아니다

시인 이덕규

　벌써 삼십여 년이 흘렀다. 의사라는 직함을 가지고 생계를 꾸리는 분이 굳이 감기 정도 살펴보는 사람이라고 자신을 내려 낮춘다. 수수한 시골 사람 행색으로 만난 사람이 바로 안재세 선생님이었다. 그때 당신은 흔한 손 전화도 없고 차도 없고 오로지 역사에 관련된 책을 한 보따리 등짐 지고 다니는 분이었다. 그게 인연이 되어 수원역 근처 허름한 이 층 방을 하나 빌려 역사 공부를 시작하면서 나는 그동안 학교에서 배웠던 알량한 역사를 청산하고 이 나라 겨레의 큰 그림을 만나게 된다. 고대사로부터 근현대사에 이르는 대장정을 뜻있는 분들과 함께 매주 한 번씩 모여 몇 년 동안 더듬어 내려왔다.

　결론은 세계사 어디에도 없는 위대한 대륙 민족으로서 웅혼한 기상을 품은 홍익인간을 만나고 근현대의 파란 많은 치욕의 역사도 아프게 만나게 된다. 어쩌다 그 장구한 역사의 큰 물결이 도랑물이 되었을까. 『대한애가』는 민족의 존립이 위태로운 시기에 반도뿐 아니라 대륙을 떠돌며 겨레의 찢기고 멍든 상처를 어루만지는 통한의 애달픈 비가이다.

　시가 미학을 추구하고 언어유희에 머무는 동안 한쪽에서는 이렇게 한 민족의 영광과 통한의 기록을 꼼꼼히 적어 내려가는 '민족 대서사시'의 장을 열어 가고 있는 것이다. 실로 일생에 걸친 일관된 당신의 위

대한 작업에 경의를 표하며 이런 작업들을 통해 왜곡되고 은폐되고 헌신짝처럼 내버린 역사의 진실들이 작은 숨으로라도 되살아났으면 하는 바람이다.

　역사는 그저 지나간 일이 아니다. 안재세 선생님의 평생의 역사 탐구가 오늘을 사는 우리에게 어떤 의미인지 실로 가슴 뜨겁게 다가온다. 역사를 잊은 민족에겐 미래가 없다는 백범의 전언이 신물질이 온 세상을 뒤덮고 절벽을 향해 전속력으로 달리고 있는 자본의 질주에 겹쳐 들려오는 것은 참으로 두렵고 안타까운 일이다. 갈수록 진실을 터놓고 이야기할 만한 사람이 없는 시절에 오랜만에 『대한애가』 대서사시를 먼저 읽는 행운에 감사드리며 노의(老醫)의 건강과 남은 생의 역사 학습과 필력이 깊어지기를 빌고 또 빈다.

서사시 『대한애가(大韓愛歌)』를 읊으며

단군조선 이래 반만년, 민족사 시초 환국(桓國) 이래 만여 년 역사의 정통이 조선조에 이르러 오백 년 성세를 맞은 후, 제국주의 세계열강들의 침략 야욕과 세계 분할통치 정책에 의한 희생물로 전락해 가는 와중에서, 자주독립을 지키고 부국안민을 이루기 위한 최후의 안간힘을 기울였던 한민족 정통 국가 대한국!

그러나 왜곡된 식민사관과 서양 계몽주의와 극단적인 자기 비하 의식이 1세기 가까이 만연되면서, 대한국의 모든 것은 민족의 뇌리에서 망각되어 왔다.

외세, 특히 서양제국주의 세력을 등에 업은 극악한 일본제국이라는 외세에 필사적으로 저항하며, 민족사의 정통성과 주체성을 지키고자 신명을 바친 숱한 열사·의사·애국지사들…. 그들의 모든 노력들은 개인적이고도 단편적인 영웅담으로 파편화된 채 전해져 왔다. 그러면서도 그들이 되찾기(광복하기) 위하여 애썼던 가치들에 대해서는 완전히 왜곡되거나 잊혀져 왔던 것이다.

특히 민족사 정통의 상징이기도 한 대한 황제들의 목숨을 건 처절하기조차 한 구국 투쟁 노력은, 프랑스 혁명 광란과 환상적인 유물론의 부산물인 공화주의를 선호했던 권력 지상주의자들의 빗나간 의도에 의하여, 망각의 깊은 늪 속에서 헤어나질 못하고 있다.

　역사와 문화의 정통성을 상실한 한민족은 정신적 공황 상태에서 가치판단의 기준을 잃어버린 채, 세계화의 광풍 앞에서 촛불의 그림자인 양, 얼빠진 허깨비인 양, 갈 바를 모르고 헤매어 왔다.

　이제 잊혀져 간 민족사의 정통성 대한국을 돌아보는 이 없음을 슬퍼하며 애끓는 마음으로 노래하면서, 한시라도 빨리 사랑하는 조국 대한의 역사적 정통성 회복과 한민족 대통일의 그날을 맞이할 수 있기를 간절히 바라실 대한국 애국 영령들의 영전에 바칩니다.

4358년 봄,
광무황제 폭붕(暴崩)을 계기로 일어난
삼일만세운동 116주년을 맞으며

저자 **안노의(安老醫)**

목차

『대한애가』 시평(詩評) — 시인 이덕규   4
서사시 『대한애가(大韓愛歌)』를 읊으며   6

제1편 서장(序章)   10
제2편 황통(皇統)의 유래   20
제3편 간난(艱難)한 개국 역정(開國 歷程)   28
제4편 광무개혁   35
대한제국 시기에 제작된 최초의 애국가 (「황제가」로도 알려짐)

제5편 간도정계(間島定界)   44
제6편 내간발호(內間跋扈)   49
제7편 왜구돌풍(倭寇突風)   55
제8편 국제협잡 오조약   62
제9편 지사(志士)와 의사(義士)   67
제10편 밀사유한(密使遺恨)   71
제11편 황제의 고뇌   77
제12편 광무황제 강제퇴위   82
제13편 의병의 함성   87
제14편 융희순행(隆熙巡幸)   93
제15편 하얼빈 의거   97
안중근 의사가 재판받을 때 열거한 「이등박문의 죄악(罪惡) 15개조」

제16편 철천지한(徹天之恨) 사기 합방　　　　　103
『신한민보』에 실린 융희황제 유조

제17편 왜구 치하 지옥본색(地獄本色)　　　　　107

제18편 광복의 횃불　　　　　　　　　　　　　113

제19편 광복투쟁 화신 되어　　　　　　　　　　122

제20편 대동(大同)이냐, 대통(大痛)이냐?　　　　128
무오 독립선언문 요약

제21편 철편하(鐵鞭下)의 민생　　　　　　　　　136

제22편 전화(戰禍) 속의 세계　　　　　　　　　 141

제23편 만년통한(萬年痛恨)　　　　　　　　　　146

제24편 삼일 평화 항쟁　　　　　　　　　　　　152

제25편 임정과 황통　　　　　　　　　　　　　 158

제26편 대한국체광복(大韓國體光復) 투쟁　　　　163

제27편 황통(皇統)의 부침(浮沈)　　　　　　　　170

제28편 혼돈 속의 좌표　　　　　　　　　　　　176
융희황제 유조

각 편의 도해 설명　　　　　　　　　　　　　　183

서사시『대한애가』를 마치며　　　　　　　　　 185

부기(附記) — 건국절 논란을 지켜보는 저자의 시각　187

제1편
서장(序章)

사천이백삼십 년[1] 양력 시월 십이일,
경운궁[2] 대안문[3] 앞 너른 길 메운 인파.
손에 손에 축기(祝旗) 들고 새 시대를 맞이하며,
가슴마다 희망 안고 민족 축제 열망하네.

서로서로 마주 보는 불타는 눈망울들
돌아보면 지난 세월 왜구준동 이십여 년,
운양호 앞세워 강화늑약 강요한 후,
왜족의 국권 침탈 그 얼마나 모질던가?

방곡령[4] 무시하고 헐값에 곡식 약탈,
별기군만 우대하니 임오군란 씨앗 되고,
제물포 늑약체결 왜상(倭商)들만 살판나고,
수신사[5] 도왜[6] 하니 친일파만 늘어났네.

---

1) 단군 기원 4320년. 서기 1897년.
2) 지금의 덕수궁.
3) 大安門. 지금의 대한문(大漢門). 한(漢)은 불한당(不漢黨) 등의 예에서 보듯이 좋지 않은 의미를 내포하고 있으며, 대한국을 강점한 일제가 멋대로 현판 이름을 갈아 버린 것임.
4) 防穀令. 왜구들에 의한 쌀의 헐값 수출을 막음으로써 쌀값의 폭등을 방지하려 한 '곡물 방어령'.
5) 修信使. 강화늑약 이후 일본에 보낸 조선 정부의 사절단.
6) 渡倭. 왜열도에 건너감.

갑신왜란, 한성늑약,
갑오민란 빌미 삼아
보국안민[7] 광제창생[8]
국모시해 을미왜란

천진조약 일사천리에,
무단침략 청일전쟁.
신무기로 박멸한 후,
고금 없던 변고였네.

허울 좋은 갑오경장
전국 의병 궐기하여
주상 폐하 묘책 내사
부왜 무리 타파되고

상투부터 잘라 내니
온 천지가 소연하고,
아관파천 감행한 후,
민족회생 호기(好機) 오네.

아관에서 내외정세
경운궁에 이어(移御)하사
이십 년에 한 번도
한꺼번에 들이닥친

살피신 지 한 해 후,
열국사절 맞으시니,
나면 안 될 괴변들이
개항 이래 이십여 년,

아편·대포 앞세워
광기 어린 제국 열강
마지막 자유의 땅
제멋대로 설쳐 대던

약소 제국[9] 나눠 먹은
동아시아 몰려들어,
배달의 강역에서
어둠의 장막 걷고,

---

7) **輔國安民**. 나라를 돕고 인민을 편안히 함.
8) **廣濟蒼生**. 뭇 인민을 널리 건짐.
9) **弱小 諸國**.

오늘은 배달민족　　　　　새 시대를 선포하는
광명과 희망에　　　　　　가득 찬 축제의 날.
깊고 깊은 어둠 속에　　　한결같은 대망(待望) 있어,
상서로운 보슬비에　　　　새 아침이 밝아 오네.

비가 갠 후 대안문이　　　미래 향해 활짝 열려
주상 폐하 어가행렬　　　 서서히 움직이니,
연못가에 미풍 불어　　　 물결이 퍼져 가듯
긴장 속에 숨죽이던　　　 군중 또한 물결치네.

이날은 왜란으로　　　　　점철된 수모 씻고
자주독립 제국으로　　　　당당히 우뚝 선 날.
하나님이 보우하고　　　　조종(祖宗)의 기쁨이니,
온 민족이 하나 되어　　　환호성을 터뜨리네.

장엄할사 환구단[10]이여!　　빛나도다 황궁우여!
모든 시설과 의식절차　　　제국 전범[11] 따르고,
문무백관 저마다　　　　　 장려한 예복 갖춰
정해진 자리에　　　　　　 엄숙히 도열하니,

---

10) 환구단 = 圜丘壇. 원구단(圓丘壇)이라고도 함. 옛부터 천지신명에 대한 제례 장소로서, 지붕은 하늘을 본떠서 둥글게 만들고, 1층에는 황천상제(皇天上帝), 2층에는 일월(日月)신, 3층에는 성신(星辰)·구름·비·바람·우뢰·산천의 신을 모심. 동양 전통에서는 봉신국(封臣國)이 아닌 자주적 국가에서만 천지신명에 대한 제례를 거행할 수 있었음.
11) 帝國 典範.

조선 태조 개국 이래
빠질세라 운집한
세계 각국 공관원
진기한 황국행사

저 늠름한 위풍당당
주상 폐하 침착하게
여유 있는 걸음걸이
순금으로 장식된

그 위엄 장중하여
화락한 기운 뻗쳐
문무 만민 대표한
열두 무늬 수놓은

위엄 서린 면류관을
곧 이어 옥새를
주상께서 관례 따라
의관(儀官)들도 관례대로

마침내 주상께서
황제 즉위 요청을
관례에 의거하여
원혼 되신 국모를

민족정통 살린 의식
경향 각지 백성들과,
특파원과 여행객도
참관하며 열광하네.

친위대 호위 속에
어가에서 내리시어,
서서히 환구단의
옥좌에 오르시니,

천지에 진동하나,
뭇 참석자 즐거우니,
노(老) 의정 심순택은
빛나는 곤룡포와

임금님께 올리고,
받들어 올리니,
두세 번 사양하나,
재삼 권해 올리노니,

만백성의 뜻 맞추사
받아들이시도다.
지나간 을미참변에
황후로 책봉하시고,

만백성의 촉망을
왕세자 척(坧) 전하를
황국의 정통이
거리 메운 인민들은

노대신 심순택은
기쁨을 못 이겨
또다시 황제께
감격 넘쳐 외치도다.

단군조선 개국 이래
자주 자립 전통의
제국(帝國) 대한 선포한
다시 한번 찬연히

구름 떼같이 모인
장보러 가던 아낙네들,
도열한 호위병들,
조용한 아침나라

모두모두 한마음 되어
찬란한 문명동방
배달민족 제국의
소리 높여 환호했네.

한 몸에 받고 있는
황태자 책봉하시니,
이로써 확립되매
환호하며 감루 쏟고,

여러 의관들과 함께
세 번을 깡충 뛰고,
세 번 머리 조아린 후
"만세, 만세, 만만세!"

반만년을 이어 온
역사적 맥락은
장엄한 환구단에
이날 이어졌느니,

문무백관 유림선비,
신·구학교 학생들,
참관하던 외국사절,
찾아온 이국길손,

유구한 역사 속에
은자의 나라였던
무궁무진한 번영 위해
"만세, 만세, 만만세!"

오직 한 족속만이,
동해 건너 저편의
아니꼬운 심사로
기꺼운 만세를

음흉하기 짝이 없는
도국인[12]들만 오직,
심신 잔뜩 뒤틀린 채
외치지 않았노라.

쓸쓸한 표정과
태연한 체 그날을
강대한 독립 제국
오로지 당황스런

입에 발린 인사말로
넘기고자 했느니,
대한국의 출현은
사건일 뿐이라.

왜족의 침략 정책
배상금 맛들인 후
청나라를 떼 놓으려
독립·칭제 내세우나

대만 침공 개시하고
조선도 삼키고자,
오만가지 사건 조작,
인두구육 수심[13]이라.

악독한 심사로
국모 설원[14] 반왜풍(反倭風)에
위기 모면 방편으로
자나 깨나 도모함은

명성황후 참살하고
궁지로 몰림에
칭제건원 앞장서나
한반도 병탄일세.

---

12) 島國人: 왜구 일본인.
13) 獸心.
14) 國母 雪冤: 명성황후 참살에 대한 원한을 갚고자 함.

장엄한 즉위식 후	황제와 황태자가
빈전(殯殿)에 나아가사	특별제사 올리시며,
왜구들의 독수(毒手)에	원통하게 시해당한
황후의 영령을	힘써 위로하시도다.
감격과 찬탄 속에	행사 치른 다음 날
새벽 일찍 빈전에서	손수 제사 지내시고,
태극전15)에 이르시어	신료16) 축하 받으신 후
특별 조서 반포하고	대사령을 내리시다.

"하늘의 의사를 받들고 시운에 맞추어 난 황제는 지시한다.

'짐은 생각하건대 단군과 기자 이후로 강토가 분리되어 각각 한 개의 지역을 차지하고 서로 패권을 다투어 오다가, 고려 때에 이르러서 마한·진한·변한을 통합하였는데, 이것을 통합 삼한이라고 하였다.' 우리 태조께서 임금이 되시던 초기에 판도 밖으로 영토를 더욱 넓히셨다.

그리하여 북쪽으로는 말갈의 지경까지 이르러 갖가지 짐승들과 비단과 같은 물산을 얻게 되었고, 남쪽으로는 탐라국을 차지하여 귤, 유자와 해산물과 같은 공납품을 받게 되었다. 그리하여 4천 리 강토에 한 개 왕통의 나라를 세우게 되었다. 제도와 문물은 당요(唐堯)와 우순(虞舜)의 시기를 이어받았고, 국토가 공고히 다지어져서 우리 자손들에게 만대에 길이 전할 반석 같은 터전을 넘겨주셨다.

---

15) 太極殿.
16) 臣僚.

오직 짐이 덕이 없다 보니 어려운 시기를 만났는데, 하늘의 도움을 받아 위기를 모면하고 안정되었으며, 독립의 터전을 세우고 '자주'의 권리를 행사하게 되었다. 여러 신하들과 백성들과 군사들과 상인들이 한결같은 소리로 일제히 제의하면서 수십 차례나 글을 올려 반드시 황제의 칭호를 올리려고 하므로, 내가 사양하다가 끝내는 사양할 수가 없게 되어서, 올해 (음)9월 17일에 백악산의 남쪽에서 하늘과 땅에 고하는 제사를 지내고 황제의 자리에 올랐다.

　나라의 이름을 '대한'이라고 정하였고,
　이 해를 '광무 원년'으로 삼았고,
　종묘와 사직의 신위판(神位板)을 고쳐 썼고,
　왕후 민 씨를 황후로 책봉하였고,
　왕세자를 황태자로 책봉하였고,
　이리하여 밝은 운명을 크게 가다듬어 큰 의식을 비로소 진행하였고,
　이어 역대의 옛 관례를 상고하여 특별히 대사령을 내리노라….″

　　　어지신 황제께서　　　문무백관 만백성의
　　　지나간 죄과를　　　　과감히 줄이시고,
　　　차후의 부정부패와　　패륜범에 대해서는
　　　황국 법도로 엄하게　　다스리시리로다.

가난하고 병들고
돌보도록 명하시며,
어김없이 교화하여
윤음(綸音) 들은 만백성은

"만세, 만세, 만만세!
그리고 바로 그날,
부국강병 의지는
그 기상과 그 뜻으로
나라 발전 기원하며

의지할 곳 없는 인민
새 사업 도모하시며,
미풍양속 이루시리니,
환호하며 외쳤노라.

대한제국 만만세!"
황제와 인민들의
하나로 불타올라,
자손만대 복락 위한
일심으로 나아갔네.

제2편
황통(皇統)의 유래

이제 한번 풀어 보세　　　　　배달민족 황통사(皇統史)를,
일만 년을 흘러내린　　　　　　그 유구한 문명사를.

온 누리 덮은 빙하　　　　　　모진 시련 이겨 낸
푸릇한 생명력이　　　　　　　대지의 품속에서
죽음 같은 깊은 잠을　　　　　기지개로 떨치던 때
배달의 선조들은　　　　　　　큰 걸음 내디뎠노라.

빙하기보다 더 먼 옛적　　　　아득한 태시기(太始期)에
나반·아만[17] 천하(天河)에서　　인류 최초 혼인하고,
삼신(三神)의 조화 따라　　　　오색종족 이루신 후
일만 년 긴 세월에　　　　　　기후변화 무쌍하니,

수십만 년 인류사에　　　　　　빙하기가 빈번하여
동장군도 여러 차례　　　　　　인간세계 엄습하나,
길고도 지루했던　　　　　　　마지막 빙하기도
천지조화 신세계에　　　　　　녹으면서 큰 물 지니,[18]

---

17) 那般·阿曼: 현생 인류 최초의 문명을 일으켰다고 전해져 오는 배달민족 시조 두 분.
18) 서기전 1만여 년 전부터 수차례에 걸친 대홍수의 기록이 세계 각지에 있음.

대홍수 범람하는
하늘과 맞닿은
신천지에 널리 펼칠
크고도 밝으신

하계(下界)를 멀리 떠나
천산(天山)[19]의 도량에서
하늘 법도(法度) 깨우치신
배달한국[20] 한님이여!

조화무궁 지상낙원
아구대륙[21] 동방천지
삼신오제(三神五帝) 지성공경
다섯 가지 교훈[22]으로

십이연방 대한국을
수만 리에 펼치시니,
신심 깊은 한님 자손
미풍양속 정겨워라.

삼천삼백일 년 세월
무상한 천지 도수
도화 유수 별천지
시운(時運)이 다하니

태평복락 누리더니
때맞춰 돌아가고,
넓고 넓은 벌판도
동장군 몰아칠새,

날랜 동물 약은 미물
영문 모르는 둔한 동물
선천 개벽 역(易)변할 제
만물 영장 인류가

남쪽으로 내달리고,
선 채로 얼어붙네.
미물조차 도생(圖生)하니,
어찌 서서 절멸하리.

---

19) 파미르고원, 또는 천산산맥으로 비정됨.
20) 倍達桓國 또는 倍達韓國. 배달민족의 최초 국가.
21) 亞歐大陸. 서양인들은 유라시아(Euracia)라고 표현.
22) 桓國五訓: 성신불위(誠信不僞)·경근불태(敬勤不怠)·효순불위(孝順不違)·염의불음(廉義不淫)·겸화불투(謙和不鬪).

시름 깊은 지위리 한님[23)]   만민을 애휼(愛恤)하사
아홉부족[24)] 지시하여   동·남·서로 흩으시니,
한데 있던 문명 인류   사해(四海)로 퍼져 나가
간 곳마다 야만 교화   천도(天道)를 널리 펴니,

서방으로 떠나간 이   두 강[25)] 사이 자리 잡고,
남방으로 흘러간 이   인더스 유역 개척하며,
동쪽해협[26)] 건너간 이   미주대륙 주인 되어,
당대의 위대한   문명민족 이루었네.

한님의 뒤를 이은   서자부[27)] 배달환웅(倍達桓雄)
홍익인간 이화세계   더욱 널리 펼치려는
오로지 한 뜻만을   마음 깊이 다짐하고
동방으로 나아가니   삼위·태백[28)] 사이였네.

---

23) 智爲利 桓仁. 환국의 마지막(일곱 번째) 환인으로 전해 옴.
24) 九族 = 九夷 = 九皇六十四民: 고대 한국의 모든 백성들.
25) 메소포타미아 = 두 강(유프라테스강, 티그리스강) 가운데라는 뜻.
26) 베링해협.
27) 庶子部 = 지역 명칭으로서 뭇 아들(庶子)의 마을이라는 관점과, 관직명이라는 관점도 있음.
28) 三危·太白.

황하여, 송화(松花)여!
크게 감싸 보살피사
동방의 한 옛 시절
아름답게 일구어 낸

삼천단부 배달민족
대지의 젖줄이여!
배달환웅 홍익 대업
풍요로운 산하여!

일천오백육십오 년
미풍양속 태평성세
치우·고시·신지 씨
수인·복희·신농 씨

대동방 배달나라
그대들 덕 아니런가!
배달문명 가다듬고,
황하문명 주인 되다.

황무지 개척한
부싯돌 발명한
신지 씨 문자 내어
너른 벌 높은 산이

영걸스런 치우 씨며,
지혜로운 고시 씨라.
태고문명 간직하니,
배달길[29] 도량이라.

서토황제(西土黃帝) 난 일으켜
야만족속 인두겁 쓰니
사방팔방 난리굿에
대동세상 분리되어

문명천하 뒤흔들고,
세상만사 뒤엉켜 버려,
사람 목숨 초로(草露) 같고,
상낙원 균열 가네.

---

29) 倍達道 = 현묘지도(玄妙之道).

대단군 환검께서
어두운 난세 물리친 후
서토야만 평정하고
천하에 없는 위엄

팔백선랑(仙郞) 거느리사
홍익대도 이으셨네.
신시구강(舊疆) 회복하여
동방에 되세우고,

삼신님 받드사
신시 옛 법 되살리사
너른 강토 치화(治化) 위해
찬란한 배달 문화

하늘 자손 증험하고,
풍속 바로잡으시며,
삼한관경30) 확립하사,
대하처럼 흐르도다.

이천 년 밝은 성세(盛世)
야만열도 개척하여
흘달단군32) 진노하사
색부루단군34) 박차 가해

지나 역풍31) 잠재우고,
한 별천지 이루었네.
하걸33) 간계 타도하고,
황하남북 평정했네.

---

30) 三韓管境: 삼한의 전체 강역.
31) 화하족이 자주 일으키는 반란 행위.
32) 열세 번째 단군으로 국자랑(國子郞. 또는 천지화랑(天指花郞)) 제도를 만드시고 하나라 걸왕의 반란을 평정했다 함.
33) 夏桀: 하나라 걸왕.
34) 스물두 번째 단군.

서언왕(徐偃王) 인망 얻어
언파불합(彦波不合)[35] 풍파 넘어
간교한 연장(燕將) 진개(秦開)
상국(上國) 조선 기습하니

삼십육 국 조공받고
동해 세 섬 다스렸네.
칭신(稱臣)하며 무비[36] 갖춰
동아대란 터지도다.

고열가단군[37]께서
웅심산(雄心山) 대해모수
어두운 열국난세
호시탐탐 기회 노린

아사달에 드시고,
북부여를 일으키니,
한순간에 평정되고,
한구(漢寇) 침노 헛되었네.

부여 이은 동명성제
대고구려 방패 되어
만주·몽골·시베리아,
탐라·대마·동해열도[38]

천년기틀 다지시니
삼한 열국 정립했네
요서·진평·산동·오월,
삼국무대 아니런가.

두려울 손 내분이여,
천년강국 대고구려
칠백 년 사직 대백제국
스스로 망한 연후

처절할 손 골육상쟁이여,
권귀(權貴)끼리 반목하고,
내간(內間)이 충신 박멸해,
나당연합 침노했네.

---

35) 서른다섯 번째 사벌단군 시절 명장으로서 열도에서 발생한 반란을 진압했다 함.
36) 武備.
37) 단군조선 마지막(47세) 단군.
38) 일본열도·사할린·캄차카반도 등지까지를 이름.

백제는 부여복신(夫餘福信)　　복국투쟁 좌절되어,
왜열도에 대거 이주　　　　　후계정권 이어 가고,
고구려는 삼십 년간　　　　　복국투쟁 성공하여
대조영의 영도하에　　　　　 해동성국 재건했네.

신라 천년 마의태자　　　　　금강산의 목탁 되고,
송악용종(龍種) 태조 왕건　　 고구려혼 되살리니,
대고려와 대거란국,　　　　　 대고려와 여진 금국(金國)
대고려와 대몽골,　　　　　　 불굴투혼 빛나도다.

홍건적과 열도왜구　　　　　 벌떼처럼 침구하니
배달후예 힘을 모아　　　　　 단국강토 보전했네.
천하신궁 조선 태조　　　　　 권귀횡포 박멸하고,
도탄에 빠진 민생　　　　　　 한 호령에 건지셨네.

왜란·호란 대격변에　　　　　 어려움도 많았으되,
하늘 아래 어느 족속　　　　　 조선보다 문명하리.
세종·성종·영조·정조　　　　　밝은 임금 위민정사[39]
한 오백 년 태평성세　　　　　 만년황통 맥(脈) 이었네.

---

39) 爲民政事.

제3편
간난(艱難)한 개국 역정(開國 歷程)

만년황통 승계하여　　　　대한국 여신 뜻은
낡은 관습 경장(更張)하여　　민생 구제하심이니,
경국전,⁴⁰⁾ 경국대전,⁴¹⁾　　　대전통편,⁴²⁾ 대전회통⁴³⁾
아름다운 옛 법질서를　　　만방조류⁴⁴⁾에 맞춤일세.

미풍양속 세시풍속　　　　고루고루 보존하고,
인륜도덕 충효예의　　　　만년황화⁴⁵⁾ 아니런가.
이양선·양품⁴⁶⁾ 박래(舶來)하니　물질문명 만개시(滿開時)라,
때를 좇아 변용(變用)하니　또한 성덕(聖德) 아니런가.

화서⁴⁷⁾ 면암⁴⁸⁾ 위정척사　보국안민⁴⁹⁾ 보루되나,
열강제국(列强諸國) 형세 보니　이이제이⁵⁰⁾ 상책이라,
문명종자 보위코저　　　　갖은 지모 펼침이나,
오뉴월 등에 같은　　　　야만열강 탐심이라.

---

40) 經國典: 조선 개국 일등 공신 정도전이 엮은, 민본주의적 법치국가로서의 조선 만년 대계를 위한 국정 설계도.
41) 經國大典: 『조선경국전』을 바탕으로 백여 년간의 현실 경험을 적용하여 성종 때 완성한 조선의 기본 법전.
42) 大典通編: 『경국대전』을 바탕으로 영조 때 보완한 법전.
43) 大典會通: 『대전통편』을 정조 때 다시 보완하여 완벽에 가까운 법질서를 세움.
44) 萬邦潮流: 근대 이후 동·서양의 새로운 문물제도.
45) 皇化: 배달민족 황제들의 교화.
46) 異樣船·洋品: 서양인들의 배와 물품.
47) 華西: 이항로.
48) 勉菴: 최익현.
49) 保國安民.
50) 以夷制夷.

낮도깨비 제국열강(帝國列强)　　　권모술수 난무하나,
그중에도 못 믿을 건　　　　　　열도왜구 족속이라.
일찍이 임진란 시　　　　　　　명분 없는 노략질에
온 나라 회진(灰塵) 되니　　　　불공대천 원수건만,

문명조선 큰 선비들　　　　　　동양평화 염원하며
가르치고 달래어서　　　　　　인간의 길 좇게 하나,
어쩌다 저 왜구들　　　　　　　함포위협 굴복(屈服)하여[51]
문호개방 강제된 후　　　　　　국가위기 만회하려,

왕정복고 명치유신　　　　　　막부정권 둘러엎고,
서양 모방 군비확장　　　　　　침략노선 강행하며,
통신사 큰 은혜 잊고　　　　　　정한론 들먹이니,
대명천지 예의동방(禮義東方)에　배사율[52]이 웬 말인가?

운양호 강박으로　　　　　　　강화조약 늑결한 후
개항을 강요하며　　　　　　　치외법권 일방주장,
일제화폐 일방유통,　　　　　　무관세 일방통행,
사치풍조 일방조장,　　　　　　조선미 일방방출,

---

51) 서기 1864년에 미국 페리함대의 위협으로 덕천막부가 서양인들에게 문호를 개방함.
52) 背師律: 스승을 배반함.

질 좋은 조선황금　　　　　일방적 강탈하니,
말이 좋아 무역이나　　　　날강도가 따로 없네.
일방수탈 불평등늑약　　　　백의민족 굶주리고,
임오군란 폭발 후에　　　　　제물포늑약 웬 횡폰가?

대륙낭인(大陸浪人) 설쳐 대고　내간마저 창궐하니,
자기 나라 재물 털어　　　　외적(外敵)들에 아부하며,
태평성세 삼백 년에　　　　　무비(武備)를 잊었거니,
임진국수53) 후얼(後孼)들에　　적반하장 휘둘리네.

주상폐하 높은 안목　　　　　세계화와 부강 위해
천하준재 견문 넓혀　　　　　고위 등용 하려 했더니,
왜구간흉 복택유길의　　　　　음험한 흉계 밑지 삼아
교목귀경(喬木貴卿) 자제들이　갑신정변 웬 난린가?

저들 유독 잘난 무리　　　　　주상54)·민중 안중에 없어,
호가호위(狐假虎威) 왜구 믿고　미친 검풍 일으키나,
삼일천하 추풍낙엽　　　　　　패가망신 자초하고,
개화당은 개당55)되어　　　　　천덕구니 전락했네.

---

53) 壬辰國讐: 임진왜란을 일으킨 나라의 원수.
54) 主上: 임금님.
55) 犬黨. 당시 뜻있는 조선인들은 개화당을 비꼬아 개당이라고 야유함.

홍국영, 안동 김씨,　　　　　　풍양 조씨, 천하장안[56]
백여 년간 세도(勢道) 창궐　　지존황권(皇權) 잠식하고,
관기문란 자초하니　　　　　　여린 민심 황망(慌忙)한데,
이교동포(異敎同胞)[57] 박멸함에　내외혼란 가중되네.

강화늑약 통한(痛恨) 이후　　왜구수탈 제철 만나,
민생도탄 인심흉흉　　　　　제갈량도 무책(無策)인데,
경주 한사(閑士) 최수운은　　궁궁을을[58] 넉 자 들고,
시천주 조화정　　　　　　　영세불망 만사지[59]라.

유불도[60] 삼교조화(三敎調和)　동학문을 활짝 열어
보국안민 광제창생　　　　　후천개벽[61] 선포하나,
고부 군수 탐학하여　　　　　가렴주구 자행하니,
갑오년에 남접북접(南接北接)　민중해원(解寃) 주도하네.

---

56) 千河張安: 대원군의 심복인 천희연·하정일·장순규·안필주를 말하며, 대원군의 위세로 누이동생들을 모두 상궁으로 들인 후 세도를 일삼음.
57) 서양 신앙 받드는 동포.
58) 弓弓乙乙: 동학에서 변화무궁한 호신주(護身呪)로 믿어진 주문
59) 侍天主造化定永世不忘萬事知. 동학의 기도문.
60) 儒佛道: 삼국 무렵부터 전파된 세 가지 동양 종교.
61) 後天開闢.

현양사(玄洋社) 대륙낭인
청일전쟁 일으키니
마관조약(馬關條約)에 의기양양
삼국간섭 국제 망신에

침략 구실 만들어서
녹두꽃은 떨어지고,
왜구 오만불손하나,
배일(排日)기운 농후하니,

표독한 화풀이로
지존국모 시해하니
왜구 총포 도열 속에
개화·개혁한다더니

경복궁에 난입하여
천하없는 변고이며,
꼭두각시 부왜내각
미풍양속 파괴하네.

허울 좋은 갑오경장
상투 절단·옷소매 단속
모든 제도 조변석개
배달민족 전통문화

가위질로 설쳐 대니,
이 간섭 저 등쌀에
왜색 일변 뒤바뀌고,
조석 간에 붕괴하네.

온갖 생명 위협 속에
충심 깊고 지혜로운
왜구 포위 벗어나
지장보살 업연(業緣)이며

수심 깊던 주상폐하,
상궁계책 따르사
노국공관 피신하니
만사처[62]에 일생(一生)이라.

---

62) 萬死處: 만 번 죽을 자리. 절체절명의 위태로운 곳.

국모시해 진상 알려 괴뢰내각 처단하며,
전국의병 봉기하여 왜구죄악 토주(討誅)하나,
노국 이어 미국·법국 각종 이권 협상하니,
만부득이한 형세이며 이양제왜(以洋制倭) 염원이라.

역적무리 처단하사 국정기반 다지시고,
민심동향 살피사 백년지계 세우시고,
관민청원 들으사 경운궁에 환어(還御)하니,
충심에 찬 가슴속에 환희심이 충만하네.

제4편
광무개혁

광무황제 등극 이후　　　왜구간섭 내치시고
러시아를 친하시니　　　시의(時宜) 또한 적절하다.
충용한 의병장들　　　　불러들여 중용하니,
황상(皇上)의 정하신 바　　일월같이 명쾌하네.

친일하던 무리들　　　　한 발 물러 적막하니,
국제 정세 절묘하여　　　자주독립 호기(好機)인데,
갑신란 때 소년당상(少年堂上)　송재(松齋)가 돌아오니,[63]
십여 년 미국살이　　　　반(半)미국인 되었구나.

필립제선[64] 변(變) 성명에　서교(西敎) 찬양 종교 바꿔,
옛 행실도 문제거니　　　환골변태 수상하다.
부모처자 자진(自盡)하고　　아우는 처형되니,
만사가 휴의(休矣)하나　　독립 두 자(字) 화두 삼네.

청일전쟁 대란 중에　　　폐허가 된 영은문은
모화사상 상징이라　　　독립문을 추진하고,
독립관, 독립공원,　　　독립국가 연창(連唱)하니,
겉보기엔 가상하나　　　왜구 내심(內心) 좋아하네.

---

63) 송재 서재필은 갑신란 삼일천하 당시 이십 세 전후로서 당상관인 병조참판에 임명됨.
64) 畢立堤仙. 서재필의 미국명 필립 제이손(Phillip Jaisohn)의 한문식 표기.

이소사대 외천이요,[65] 이대사소 낙천이며,[66]
보기국보천하가[67] 상생질서 근본이라,
제각기 강역 지켜 고유문화 이뤄 오고,
내정간섭 자제하며 자주·자립하였거니,

바다 건너 승냥이 떼 을미 이후 퇴조하나,
정한(征韓) 망령 되려 극성 먹이 찾아 눈 벌건 때,
독립 빙자 청국 비방, 평등외교 구두선에,
천년맹방 단절 주장 왜구 희색 만면일세.

갑신년 미망(迷妄)이 양풍(洋風) 빙자 부활하되,
독립 두 자 오히려 국민여망 합치하니,
광무황제 가납(嘉納)하사 문무백관 독려하며,
필립 주장 중히 여겨 독립형세 굳히시다,

자주독립 제국건설 군의·민의[68] 부합하니
서로 마음 터놓으며 상하의견 상조(相照)하고,
민회(民會)도 윤허하고 민의 수렴하시며,
민중 계도하시니 계몽군주 본보길세.

---

65) 以小事大 畏天: 작은 것으로 큰 것을 섬김은 하늘을 두려워함.
66) 以大事小 樂天: 큰 것으로 작은 것을 섬김은 하늘을 즐김.
67) 保其國保天下: 나라를 보존하고 천하를 보존함.
68) 君意·民意.

독립문 건립 후   구국운동 선언함에
우국지사 운집하여   외세침탈 규탄하나,
애국자와 매국노가   뒤섞여 모여드니,
반외세 고창(高唱)하나   반로·반청·친일이라.

만고흉서(凶書) 조선책략[69] 결일·연미·친청[70] 하되,
유독 반로(反露) 강조하여   보청(保淸) 방편 일삼으나,
왜양일체 흑막 속에   청국내간 창궐하여
왜구들과 야합하며   멸만흥한[71] 칼을 가네.

관민(官民)[72] 주동 상하일체 외세축출 뜻을 모아
절영도 석탄기지   회수하니 통쾌하나,
내정을 돌아보면   백여 년 적폐(積弊)러니
어느 것 한 가진들   쉽사리 고쳐지리?

대원왕 십 년 시정(施政)   일부 개혁에 그쳤고,
을파소가 다시 나도   십 년은 걸릴 대업.
일조일석 이루려니   무리수가 심하고,
국정쇄신 긴박하니   좌충우돌 마찰일세.

---

69) 朝鮮策略: 청국 주일공사관 참찬관(參贊官)인 황준헌의 저서.
70) 結日·聯美·親淸: 일본·미국·청국과 협조하여 러시아의 남하를 막아야 한다는 주장.
71) 滅滿興漢: 손문 등 혁명파는 일본 국수주의자들 협조를 구함.
72) 관민공동회.

헌의(獻議) 6조에 조칙 5조,　　황제 친유(親諭)에 만민 환호,
한집같이 힘을 모아　　　　　자강·자립 도모하니,
성상(聖上) 뜻도 자강이라　　만민 요구 가납(嘉納)하나,
성급한 패권추진　　　　　　갑오억변(抑變) 방불한데,

공화모의[73] 역도[74] 천거,　황상역린(逆鱗) 건드리고,
군중 모아 국정비판,　　　　협회 본뜻 벗어나며,
상원개설, 하원반대,　　　　정권 장악 기도하니,
법국혁명[75] 전철(前轍) 밟는　독립협회 혁파하고,

민심, 즉 천심이라　　　　　언로(言路)도 열려니와,
갑오을미 부왜(附倭)개혁　　물리치고 자주 개혁,
모든 제도 정비하고　　　　독립제국 면모 갖춰,
욱일(旭日)보국[76] 본을 삼아　대한헌장 반포했네.

갑오 이래 관제(官制)문란,　부왜관료 득실대어,
옥석 구분 난망이니　　　　황제 친정(親政) 피치 못해,
구장[77] 신규(新規) 조화시킨　의정부제(制) 반포에,
행정구역, 호구조사,　　　　군비강화 시행하네.

---

73) 共和謀議.
74) 逆徒: 갑신란 당시의 역적 무리. 독립협회 측에서 중추원 의관으로 추천한 박영효와 서재필.
75) 프랑스 혁명.
76) 普國: 프러시아.
77) 舊章: 옛 법규.

사회생활 살펴보면 개화백경[78] 만발하여,
선진문물 받아들여 새 세상이 펼쳐지니,
신작로의 통신설비 대한천지 다 통하고,
에디슨의 백열전등 황성가도(街道) 밤 밝히네.

교육기관 널리 세워 신학문을 보급하니,
방직·제지·인쇄·양잠 기술교육 장려하며,
우편·전신·광업·공업 기간산업 역군 길러,
국가 백년대계 위해 혼신 역량 기울이네.

양전(量田)사업 속행하여 갑오농민 원망 풀고,
각종 산업 육성하여 부국강병 도모하며,
상공업 진흥하니 양잠회사, 저마(苧麻)회사,
직조회사, 철도회사, 해운회사, 육운회사,

자손만대 번영 위해 다시없을 기회에,
각종회사 창설되어 자립경제 기틀 닦고,
열강세력 각축 와중 절묘한 세력균형,
금융기관 설립되어 민족자본 흥륭하네.

---

78) 開化百景.

국제경쟁 앞서갈   기계발명 장려하니,
국초(國初) 문물 중흥하던   장영실을 다시 보네.
자직기(自織機), 자도련기,[79]   전보기, 양지기(量地機),
유성기(留聲機), 사진판,   소륜선[80] 등 재기(才氣)만발

왜구 침노 이십여 년   국가재정 파탄되나,
염이간(廉而簡)한 이용익[81]   재정보필 신묘하여,
많은 재원 확충하고   산업진흥 촉진하니,
시행착오 없잖으나   충군 안민 한 뜻일세.

사세(事勢) 비록 흉흉하나   관민일체 의지 모아
새 시대에 발맞추니   어찌 부강 못 이루리.
배달민족 일취월장   열강들도 다시 보니,
만국평화 기틀이   대한국에 자리 잡네.

세상만사 새옹지마   화복변천 무쌍하니,
극락운세 다하면   육도윤회 필지(必至)런가.
고진감래 원했더니   악한 이웃 호시탐탐,
흉한 병겁(兵劫) 도모하니   마음 놓지 못할세라.

---

79) 自搗練機: 기계식 곡식 도정기.
80) 小輪船: 소형 기선.
81) 대표적인 강직한 선비 최익현조차 이용익을 가리켜 '청렴하면서도 간소한 인물'이라고 평함.

배달민족 흥륭함에
저 왜노들 혹시라도
성급하고 초조하여
기필코 대한국을

침략도당 노심초사,
검은 야욕 수포 될까,
친일정객 야합하며,
삼키고자 음모하네.

> **대한제국 시기에 제작된 최초의 애국가 (「황제가」로도 알려짐)**
>
> 1절: 우리 황샹폐하 텬디 일월갓치 만수무강
> 산놉고 물고흔 우리 대한데국 하ᄂ님 도으샤 독립부강
>
> 2절: 길고 긴 왕업은 룡흥강 푸른 물 쉬지 안툿
> 금강 쳔만봉에 날빗 찬란ᄒ온 틱극긔 영광이 빗최ᄂ 듯
>
> 3절: 비단갓흔 강산 봄옷 가을달도 곱거니와
> 오곡풍등ᄒ고 금옥구비ᄒ니 아셰아 락토가 이 아닌가
>
> 4절: 이쳔만 동포ᄂ 호몸 한 뜻으로 직분ᄒ셰
> 사욕은 바리고 충의만 압셰워 님군과 나라를 보답ᄒ셰
>
> (후렴)
> 샹데ᄂ 우리 황데를 도으쇼셔
> 셩슈무강ᄒ샤 ᄒ옥쥬를 산갓치 싸흐시고
> 위권이 한양에 썰치샤 어쳔만ᄉ에 복록이 일신케 ᄒ쇼셔
> 샹데ᄂ 우리 황데를 도으쇼셔

최초의 공식 국가.

4235년(서1902) 8월 15일 대한국 정부에 의해 공식 국가로 제정·공포됨.

애국심과 황제에 대한 충성심을 표방했으나, 광복투쟁기에는 그에 걸맞은 여러 가지 내용으로 개사되었다고 알려짐.

제5편
간도정계(間島定界)

(碑文)

烏喇摠管穆克登奉
旨査邊至此審視西爲鴨綠東
爲土門故於分水嶺上勒
石爲記

大淸

康熙五十一年五月十五日
筆帖式蘇爾昌通官二哥
朝鮮軍官 李義復 趙台相
差使官 許 樑 朴道常
通官 金應瀗 金慶門

압록·두만 이북 지역　　　　광활한 저 만주 땅
역사시대 오래되니　　　　　사연도 구구하다.
배달족 운수 기구하여　　　　이백여 년 무주 공간[82]
화하(華夏)·도왜(島倭)[83] 극성하니　정계(定界)유래 회고하세.

태시·태초(太始太初) 한님께서　인류최초 나라 세우사,
환웅·왕검 계승하니　　　　　동아 전역(全域) 아니런가!
하족(夏族) 옛 땅 곤륜 떠나　　황하계곡 더듬을 제,
대청구(靑丘) 홍산문화[84]　　　신시(神市)유적 아닐쏜가!

춘추오패와 전국칠웅,[85]　　　음산·연산[86] 못 넘으니,
드넓은 만몽(滿蒙) 벌판　　　　배달강역 뚜렷하며,
사벌단군[87] 조을(祖乙)[88] 파견　열국간웅[89] 무색하고,
매륵단군[90] 연제정벌[91]　　　태행동방[92] 평정했네.

---

82) 백두산 정계비 설치 년도(서기 1712년)로부터 약 이백 년.
83) 島倭: 일본열도의 왜구들.
84) 紅山文化: 만주 요령성 지역의 고대 문화.
85) 春秋五覇 戰國七雄: 춘추전국시대의 패권주의자들.
86) 陰山·燕山: 만리장성의 북벽을 이루고 있는 큰 산줄기 두 개.
87) 沙伐檀君: 단군조선 제35세 단군.
88) 사벌단군 당시의 명장.
89) 列國奸雄: 주나라 춘추시대의 수많은 영웅들.
90) 買勒檀君: 단군조선 36세 단군.
91) 燕齊征伐: 하북성의 연나라와 산동성의 제나라 연합군을 무찌름.
92) 太行東方: 산서성 태행산의 동쪽.

북부여는 한구(漢寇)[93] 막고
진왕 정[95]과 한무왕[96]도
집안 단속 바쁘거니
강성한 배달강역

동명제[94]는 정한(征漢)하니,
전수방위(專守防衛) 급급이라.
어느 겨를 한가하여
장성(長城) 이북 넘볼쏘냐.

고구려가 뒤를 잇고
거란이 흥성하니
여진 금국(金國) 강성하나
아구대륙 진동하니

대진국이 다시 잇고,
그 또한 단손(檀孫)이라.
몽골가한[97] 막풍(漠風) 몰아
그도 배달 한 갈래라.

조선 태조 여장(麗將) 시절
'요하이동 본국강내'[99]
명의 패권 큰 위세나
후금 태조 칠대한서(七大恨書)

동녕부[98]를 석권하고,
큰 한소리 호령했고,
여진 삼부[100] 자립했고,
대청(大淸) 영광 길 밝혔네.

---

93) 한나라 도적 떼.
94) 東明帝 = 東明聖帝 = 고주몽.
95) 秦王 政 = 일명 진시황.
96) 漢武王 = 일명 한무제.
97) 可汗 = 카칸. 대족장. 여기서는 칭기즈칸을 뜻함.
98) 東寧府. 요양에 설치된 원나라의 만주 통치 중심지.
99) 遼河以東 本國疆內: 요하 동쪽은 우리나라 강역.
100) 건주(建州)여진·해서(海西)여진·야인(野人)여진.

영명하신 숙종임금   강희제와 감계(勘界)하니,
서위압록 동위토문[101]   정계비(定界碑)에 뚜렷하고,
대황제[102] 칙명 받고   청국전도(淸國全圖) 완성한
프랑스 선교사의   신지나도[103] 선명하다.

국경초소 봉황성은   압록 이북 오십 리요,
토문 이동 북간도는   윤관장군 유허(遺墟)인데,
양국 간 분쟁 꺼려   서·북간도 봉금(封禁)하나,
건륭(乾隆)년간 한족 이주   봉금칙령 무색하네.

범경자(犯境者) 급증하니   청국 측이 기화(奇貨) 삼아
서간도에 안동현,   북간도에 초간국(招墾局)을
임의대로 설치하여   제집인 양 행세하고,
조선 인민 착취하니   변민(邊民) 원성 자자하네.

자주 제국 첫 수순은   속민(屬民)·속령(屬領) 확정이라,
대한제국 광무황제   간도 속령 추진하사,
북간도 주민들을   함경도에 입적(入籍)하고,
서간도에 향약(鄕約) 세워   대한강역 확정하네.

---

101) 西爲鴨錄 東爲土門: 서쪽은 압록강, 동쪽은 토문강.
102) 강희제.
103) 新支那圖 = 프랑스 동양학자 당빌(D'Anville)이 발행한 『Nouvelle Atlas de la Chine』.

관리사 이범윤은 무법천지 북간도에
사포대를 편성하여 대한국민 보호하고,
모자산·두도구[104] 안산(鞍山) 등에 병영 세워
행패 심한 청국관헌 감히 다시 못 넘보네.

---

104) 冒子山·頭道溝: 북간도에 속한 지명.

제6편
내간발호(內間跋扈)

강화늑약 수습 위해
왜·양 문물 범람하니
나라 장래 어찌 되건
부끄러움 전혀 몰라

수신사 도왜(渡倭) 이후
토왜·토양(土倭土洋) 창궐하고,
제 잇속 차리는 자
부왜·부양(附倭附洋) 몰두하네.

해외 구경 한 번 하고
짧은 견식 자랑하며
음험 무비 군주론(君主論)이
천진난만 어린 소견

세상 이치 다 아는 듯
호가호위(狐假虎威) 설쳐 대니,
열강제국 비책(祕策)인데,
무턱대고 개화 찾네.

어지신 열성조(列聖祖)는
격물치지 성의정심
성급한 부왜 개화
패가망신 일삼으니

개물화민(開物化民) 이루심에
수신제가[105] 선행하나,
불충무도(不忠無道) 자행하며,
무삼 여력 애국하리?

부왜내간 들자 하니
부산포구 왜관이
저 악착한 왜간[106]들과
들끓기도 하려니와

그 수도 하 많구나.
명치 이후 부왜소굴.
뱃속 맞춘 부왜한간(韓奸),
피해 또한 자심하다.

---

105) 格物致知誠意正心修身齊家. 치국평천하(治國平天下)의 기본 요건.
106) 倭間 = 왜국 간첩.

교활한 저 왜노들   구미열강 흉내 내어
선교사업 빙자하고   문화침략 선행함에,
진종대곡[107] 앞장서서   조선불가(佛家) 농락하니,
서산·사명[108] 호국전통   말사(末寺)신세 전락하네.

개화승[109] 도왜하여   천초별원(淺草別院) 출입하며
왜·양 문물 밀수하니   성냥·석유·양서(洋書) 등과,
선진기술 너른 지식   개물(開物)에 앞서건만,
천야동인 창씨개명   무슨 개화 뜻했던고?

봉원사 골방에서   개화당 결성되니
부국강병 앙망(仰望)하되   민심(民心)은 제쳐 두며,
왜열도 국수거두(國粹巨頭)   복택유길 사주받아
지존지밀[110] 어전(御前)에서   처참 살육 자행한 후,

고금동서 금시초문   소년내각 급조하나,
왜원(倭援)[111] 밀약 무산되니 삼일천하 급급하고,
청군 간섭 자초하여   용두사미 궤산(潰散)하니,
대역무도 불충불효   개(犬)당이라 일컬리네.

---

107) 일본불교 진종 대곡파(眞宗 大谷派).
108) 西山·四溟: 임진왜란 때의 승병장 서산대사와 사명대사.
109) 천야동인(淺野東仁 = 아사노 도진)으로 창씨개명 1호인 괴승려 이동인.
110) 至尊至密.
111) 왜구들의 원조.

우습구나, 저 개화당
왜노들 불똥 튈까
자주독립 어디 가고
반청주장113) 고당(古堂) 또한

궤짝 속에 도생(圖生)하나,
문전박대 웬 말이며,
제선 창씨112) 괴이하고
친청변신 객귀 되네.

갑오농민 봉기함에
천진조약 무시하고
왜구무리 얼씨구나
전주화약(全州和約) 거품 되고

개화영수(領袖) 김홍집은
청국원병 요청하매,
기화(奇貨) 삼아 침구(侵寇)하니,
우금치에 한 맺혔네.

적시(適時)의 삼국간섭
악독한 왜구무리
외침 내응 상례(常例)로되
공사(公私)를 분간 못 해

배왜·친로114) 전기(轉機)되나,
국모를 참살할 새,
어이하여 국태공115)은
왜구무리 앞장섰나?

---

112) 堤仙 創氏: 서재필이 미국인 필립 제이슨(Phillip Jaisohn)으로서 한문식 성(姓)을 새로 만듦.
113) 反淸主張: 고당 김옥균은 처음에는 반청·친일하다가 일본에서 푸대접받은 후 친청으로 선회하려고 상해에서 공작을 꾸밈.
114) 排倭·親露: 왜족을 배척하고 러시아와 친함.
115) 國太公 = 대원군.

아관파천 영단(英斷) 이후　　　부왜무리 처단하니
갑오왜정(倭政),[116] 단발령　　　삽시간에 설 곳 없고,
을미왜란 내간 또한　　　　　　성명(性命)보전 불가한데,
갑신적도(賊徒)[117]는 은총 믿고　외려 독립 부르짖네.

양식개명[118] 수상하고　　　　　서교고창(高唱)[119] 가관이나
정의국가 가장하는　　　　　　미국인 돼 오더니,
지난 과오 뉘우치는　　　　　　정도(正道)개화 제쳐 두고,
패가망신 억하심정　　　　　　친미·친일 한길일세.

독립협회 독립 두 자(字)　　　　신생국의 별호(別號)거니,
인류역사 유일한　　　　　　　반만년 자주제국
당당한 배달나라　　　　　　　비록 일시 난세로되
자주대의 망각하고　　　　　　독립고창 열광하네.

민주·민권 주장하며　　　　　　자주·자강 열변하니
상고(上古)성인 법도이며　　　　조종(祖宗) 이래 국시로되,
좌충우돌 공화 논란,　　　　　　철면피한 역도천거[120]
일거(一擧) 파란(波瀾) 전야에　　황제 용단에 혁파되네.

---

116) 갑오년 왜구들이 급조한 부왜정권.
117) 필립제선으로 미국식 창씨 개명한 서재필 지칭.
118) 洋式改名: 서양식으로 성명을 바꿈.
119) 西敎: 필립제선은 미국식 개신교를 찬양하고 전통을 경멸.
120) 逆徒薦擧: 갑신란 이후 부왜 역적배로 알려졌던 자들을 천거.

척왜 동학 북접수령(北接首領)[121]　　왜열도 망명한 후
자주·자강 자구노력　　광무개혁 외면하고,
노일전쟁 편승하여　　부왜선동 교세확장,
안면몰수 내달으니　　변명조차 궁색하고,

내간들이 총집결한　　일진회도 초발심(初發心)은
의식개혁·생활개혁　　애국계몽 바쁘더니,
부왜행각·망국행각　　관민의 지탄받고,
보호청원·합방청원　　왜노주구 본색 나네.

고금 사기(史記) 살펴보니　　나라가 쓰러짐에
외침과 내응(內應)이　　짝 맞추어 요란한데,
백척간두 누란위기　　대한제국 기울 제,
양두구육 내간발호　　왜구침노 향도(嚮導)하네.

---

121) 손병희.

제7편
왜구돌풍(倭寇突風)

대한국 기필진력(期必盡力)
배알 꼴린 섬도적들
당당한 자주대한
구미열강 꼬드기며

자주부강 매진함에
갖은 흉계 획책하며,
식민지배 도모하여,
침략야욕 불태우네.

아관파천 고육지계
황권보호 명분 세워
한로밀회(韓露密會) 견실하여
당황한 왜구떼

러시아에 다행(多幸)하여
여러 이권 절로 얻고,
타국간섭 불허하니
사세만회 기를 쓰네.

웨베르와 소촌(小村)[122]은
러시아세(勢) 우월함을
청나라는 청일전쟁
러시아와 내밀(內密)하게

서울 각서 교환하니,
마지못해 인정하고,
악몽을 떨치고자
동청철도[123] 허락하네.

산현(山縣)[124]과 로마노프
삼팔(三八)분할 밀의(密議)하니
못 먹을 감 찔러 보는
뒷심 밀린 러시아는

노도(露都)에서 밀회하여
아닌 밤에 홍두깨라,
못된 심보 악착같아
왜노입지(立地) 빌미 주네.

---

122) 고무라 당시 일본 외상.
123) 東淸鐵道: 만주 지방에 만드는 철도.
124) 야마카타. 러시아의 니콜라이 2세 대관식 당시 일본 대표.

광대(廣大)한 동아시장(市場) 신참노국 강세(强勢) 되니
국제경제 장악 원한 서구열강 비위 틀려,
구미번견(藩犬) 왜구 추켜 대로전선[125] 앞세우니
적대열강 둘러싸인 노국입지 위축되어,

로젠-서(西)[126] 협정으로 한국 현상 유지에,
일·이 차 영일동맹 일제탐욕 부추기니,
전 세계 많은 나라 만국평화 외치건만
음모와 흉계 속에 대한은 고립무원.

침략마수 감춘 왜구 구미열강 배후 믿고
독수 뻗칠 기회 보니 청국변란 호재로다.
의화단 북경함락 열강침탈 자초하니
러시아군 수십만이 만주벌 진주하네.

피터대제 동방정책 부동항[127]을 염원하다
요동반도 여순·대련 오랜 숙원 풀었거니,
세상 양항(良港) 다 차지한 욕심 많은 대영제국
동아에서 노국견제 강행하려 왜구 도와,

---

125) 對露戰線.
126) 협상 당시 일본 대표 西院寺(사이온지).
127) 不凍港.

일촉즉발 노일 긴장
광무황제 대한국에
근신(近臣)들과 숙의하여
세계만방 열국에

흑암전운 감도나니,
날벼락 우려하사
중립선언[128] 뜻하시고,
선포를 추진하네.

보국(保國) 위한 안간힘
빈틈없이 촘촘한
일거수일투족
밀사를 파견하여

즉시 펴려 하건만,
일제첩보 감시망에
여의치 못하여,
해외선포 기(期)하였네.

충정일념 이용익
델레비그,[129] 마르텔[130] 등
이학균을 밀사로
불어로 번역하고

지엄한 밀명 받고
프랑스인 협조 구해,
산동지부(芝罘) 밀파하여
열국에 공포하네.

대한국 중립의지
국제정의 없는 세상
노불양국(兩國) 동정하나
번견[131] 일제 강박으로

만방에 알렸건만
도로(徒勞)에 그쳤으니,
막강 영·미 원군 얻은
중립선언 무망(無望)하네.

---

128) 中立宣言.
129) Delevigue = 당시 대한국 내부고문이었던 프랑스인.
130) Martel = 당시 프랑스어 교사였던 프랑스인.
131) 藩犬: 울타리 지키는 개.

예기치 못한 중립선언
대군(大軍)을 급히 내어
사전 선전포고 없이
황성(皇城) 불법 점령하니

일제가 경악하여
여순항구 봉쇄하며,
노국함대 기습한 후
노·일전쟁 광란이라.

전장은 만주로되
황성장악 왜구떼는
대한독립·영토보존,
금석맹약(金石盟約) 고창하나

왜구목표는 대한이요,
의정서를 강요하니,
동양평화 감언이설에
국제사기 의심 없네.

억지춘향 대한제국
기고만장 저 왜구들
시설강령(施設綱領)·내정개혁
갑오란 때 못 푼 탐심(貪心)

왜구떼에 유린되니
제멋대로 주무르고,
입맛대로 강행하니,
갑진년에 맘껏 푸네.

청일·노일 양대란에
첫째도 둘째도
애달프다 저 망명교주
무슨 일로 개혁 앞서

왜구들 노리던 바,
시종여일 대한 강탈,
사태추이 훤하련만
왜구가 박수칠꼬?

어제의 척왜무리
보국안민 어디 가고
부왜도당 일진회는
친일부역 자원하니

오늘은 친일하니
본심은 무엇인고?
왜구에 의지(依支)하여
왜구의 주구일세.

감춘 발톱 세운 왜구　　　대한제국 갈취코저
난데없는 황무지　　　　　개척권을 들먹이니,
보안회·협동회에　　　　　애국지사 운집하여
빼앗긴 땅 되찾고저　　　　구국 열정 불을 뿜네.

왜구소란 자심하여　　　　대한강토 들끓거니,
노·일전세 일진일퇴　　　　전혀 갈피 못 잡겠고,
수천 리 걸친 전선　　　　　해륙 걸쳐 늘어지니
배달고토(故土) 천지간에　　미친 포화 작열하네.

건곤일척 승부를 건　　　　단말마적 발악으로
수만대군 전귀(戰鬼) 삼아　여순대첩 승기(勝機) 잡은
강한(强悍)한 왜구군단　　　중만(中滿)봉천 침공하나,
동장군 지구전에　　　　　　승패우열 무상하네.

부동항 열악 러시아의　　　세계 2위 발틱함대,
왜열도를 직공(直攻)하려　　지구 반 바퀴를 도나,
대로(對露)맹약 해양강국　　영국의 진로방해에
수만 리 거친 항해　　　　　정박 한 번 못 해 보고,

연료는 바닥나고 선원들은 곤핍한데,
본주(本州) 공격 감행으로 성하지맹[132] 목전(目前)에서
남해에서 전법 익힌 영악한 왜구떼가
날렵하게 몰려드니 어이없이 침몰하네.

교활한 명석공작(明石工作)에 노국내간[133] 준동하니,
전선(戰線)도 꼬이는데 혁명내홍[134] 설상가상,
최강(最强)한 북극곰도 골육상쟁 못 당하여
미국곰[135] 강화중개를 마지못해 수락하네.

갑신·갑오·갑진왜란 십 년마다 우심한데,
노·일전쟁 땅따먹기 미리견[136]이 왜구 돕고,
서구는 외면하며, 청국원조 난망이니,
사면초가 대한군민(君民) 벼랑 끝에 내몰리네.

---

132) 城下之盟.
133) 일제의 사주를 받은 반정부 혁명세력.
134) 內訌.
135) 테디베어(Teddy Bear)라는 별명 가진 테오도르 루즈벨트 미국 대통령.
136) 美利堅 = 미국.

제8편
국제협잡 오조약

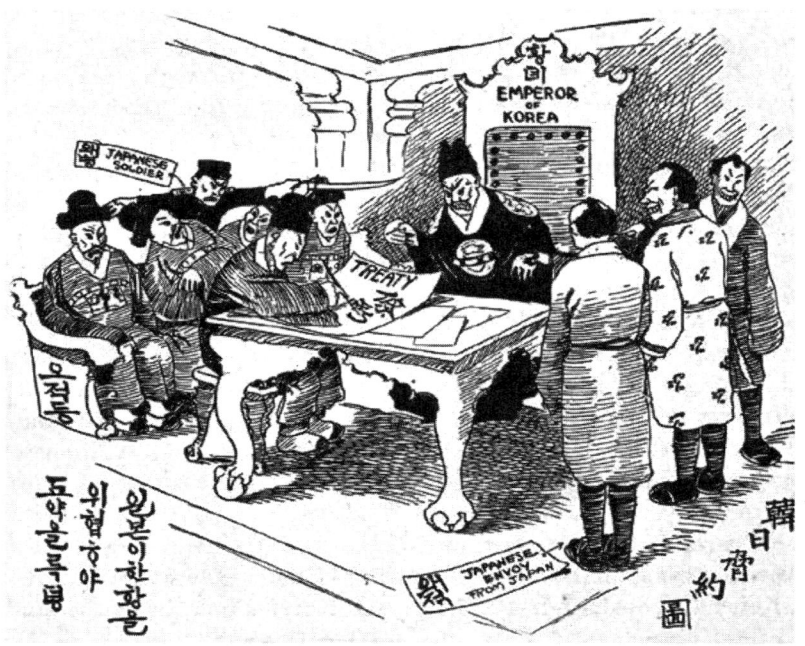

포츠머스 강화조약
한심한 일진(一進)무리
국법문란 문죄조차
웬 심보로 국수(國讐) 잊고

종교도 사상도
민족과 역사 앞에
당당한 국맥(國脈)전통
주체 잃고 국혼 잃고

측은지심 인지단(惻隱之心仁之端)
애시당초 성학(聖學)[138] 없는
수오지심 의지단(羞惡之心義之端)
어제 맺은 조미수호(朝美修好)

광무황제 굳게 믿은
명민한 인재 가려
독립협회 강골재사(强骨才士)
미어(美語)·서교(西敎) 능통하고

왜구들 경사건만
보호청원 다투느니,
피치 못할 형세건만
대역매국[137] 앞장서나?

국가·민족보전 이후
떳떳할 법이거늘,
한숨에 저버리고,
무슨 국운 따로 찾나?

인류사회 본(本)이러니,
서융·남만[139] 본색 드러내,
목불식정[140] 외면하니,
오늘은 휴지 되네.

국제신의 환기코저
밀사파견 도모하니,
이승만이 제격일 듯,
언변·재기 넘쳐남에,

---

137) 大逆賣國.
138) 유불도 각 종교 성현들의 성스러운 가르침.
139) 西戎·南蠻: 서양 제국주의 열강과 왜구를 지칭.
140) 目不識丁.

민 충정공·한 참정(韓 參政)[141]　　뜻을 모아 천거하니,
황제 뜻에 의아하나　　두 충신의 한뜻이라,
결단코 파미(派美)하니　　역량 십분 발휘하나,
미일(美日)밀착 견고하여　　푸대접이 다반사라.

황제밀사 도미 도중　　하와이에 머무를 새,
대일(對日)특파 태프트　　동석하여 밀담 나눠,
미대통령 면담주선　　소개장도 알선하나,
밀행(密行)임무 정반대라　　동경 가서 음모하니,

왜구 이미 방침 굳혀　　대한병탄 순서 맞춰,
보호운운 망발하며　　내간·외간 충동하고,
목하(目賀)[142]시켜 화폐개혁　　대한경제 말아먹고,
내정장악 재정장악　　대한국 손발 묶네.

구미호 이등박문　　왜왕과 마심[143] 부합,
경제협조 미명하에　　왜채(倭債)를 깔아 놓고,
반일충신 애국지사　　추방하고 구금하며,
왜구충노 일진무리　　매국 내각 부추기고,

---

141) 참정대신 한규설.
142) 일제의 재정고문관 目賀田(메가다)를 가리킴.
143) 魔心.

재정위기 핑계 삼아　　　　군비삭감·공관축소로
자주국방·자주외교　　　　　일시에 파괴하고,
부창부수 열강지원　　　　　든든히 해 두고자
미국·영국 정상배와　　　　　연이어 협잡하니,

열강후환 떨쳐 버린　　　　　왜구목적 한 가지라,
서향융성(西鄕隆盛) 난리 이래　사십여 년 바쁘고,
복택유길(福澤諭吉) 본 삼아　　음양으로 어르더니,
한간(韓奸) 내응 절묘하여　　　대한 숨통 조여 가네.

간적(奸賊) 이등 오만불손　　　대한황제 핍박하고,
인간백정 장곡천(長谷川)　　　삼엄무장 왜군 풀어,
총칼·포격·공갈·협박　　　　　내각회의 강제하니,
심지(心志) 약한 오적 대신　　 가[144] 한 자(字)로 매국하네

옥새날인 강제하려　　　　　왜노 이등 분주하나
광무황제 진노하사　　　　　대갈일성 책(嘖)하시고,

"짐은 차라리 종사(宗社)에 순(殉)할지언정
결코 이 조약은 인허(認許)치 못하리라!"

---

144) 可: 오조약 찬반 여부를 가, 불가로 가름.

결연히 등 돌리시고 　　　내전으로 드시며,
외유내강 단호하게 　　　구국대의 높이시니,
미친 왜노 당황하나 　　　날인강요 수포 되고,
보호조약 명분 없어 　　　을사늑약 오명 남네.

계천일(繼天日) 자주서약, 　　선진추구 광무개혁,
절치부심 국력양성, 　　　이날에 늑탈되고,
국조(國祖)·열성·조종145)께서 　보우하신 배달성손(聖孫),
섬오랑캐 철편(鐵鞭)하에 　　억지노예 굴레 쓰네.

생존경쟁·적자생존 　　　야만열강 치성(熾盛)하니
상부상조·환란상휼 　　　문명인류 설 곳 없고,
태평양 미친 바람 　　　먹장구름 몰아오니
천지 엎는 거친 폭우 　　　갓 트던 싹 짓밟느니….

---

145) 列聖·祖宗: 여러 성스러운 임금님들.

제9편
지사(志士)와 의사(義士)

경천동지 을사늑약　　　　근역(槿域)이 들끓는데
왜구가 외교장악　　　　　대외공관 폐쇄하니,
유구한 자주동방　　　　　국제협잡 희생되어
탐욕스런 섬도적의　　　　먹이로 전락하네.

비분강개(悲憤慷慨) 민충정공　자결하니 혈죽(血竹) 나고,
시일야방성대곡　　　　　천지를 진동하며,
오적주멸(五賊誅滅) 왜적토벌　대의기치(大義旗幟) 줄 잇고,
배달강토 방방곡곡　　　　피비린내 넘치누나.

최면암 기의(起義)하여　　대마에 충혼 묻고,
화천지수(華泉之水) 선문답[146]　산남의진(山南義鎭) 궐기하며,
우국지사 뜻을 모아　　　　오적단죄 의(義) 세우니,
성패는 재천(在天)이나　　문명대의 빛나누나.

간악한 왜구무리　　　　　아관파천 두 번 볼까
제풀에 우려되어　　　　　불철주야 감시하며,
광무황제 포로 삼아　　　　궁중에 유폐하니
항존(恒存)하는 시해위협　　을미왜란 판박이라.

---

146) 禪問答.

민 전 참판[147] 장한 거의(擧義) 홍주성에 의기(義旗) 날려
부귀영화 내던지고 형극의 길 자청하며,
노시종관(侍從官)[148] 밀지 받아 삼남 요충 뒤흔드나
부왜첩자 간교하여 왜굴(倭窟)에서 원혼되네.

노참봉[149] 비서승(祕書丞)직 제수받고 귀향하여
속리산에 거병하니 생사를 돌보잖고,
신출귀몰 좌충우돌 토왜(討倭)기상 드높이나
중과부적 생포되니 눈 뽑히고 아귀 되네.

제명(帝命)이 지엄하고 분기가 충천하니
군신 간의 간담상조(肝膽相照) 군의신충(君義臣忠) 부합하고,
구국대의 찬연하여 전국인민 호응하니
인류최후 문명불씨 보존코자 함이러라.

표리부동 열강제국 입만 열면 '수호(修好)'더니
국제사기 을사늑약 장단 맞춰 철수하고,
문명인류 고군분투 지푸라기 잡는 심정
일찌감치 외면하고 이권확보 실속 찾네.

---

147) 前 參判: 홍주의병장 민종식.
148) 동궁시종관 노응규.
149) 창릉 참봉 노병대.

아름답던 배달전통   총칼지옥에 던져지고,
기천만 생령이   어육 되어 토막 나니,
'인류사회·정의수호'   대의명분 더욱 빛나
산간처사(處士)·초야사민(土民) 살신성인 기약하리.

독립염원 우국지사   언론보국 선두에서
매국노 성토하고   항왜필봉 첨예하나,
사세(事勢) 이미 고립되어   국제호응 전무하니
피땀 흘려 애쓰건만   얻는 바 공허(空虛)로세.

제10편
밀사유한(密使遺恨)

대명천지 문명세상에
백주 왜구 노략질하고
어제의 국제맹약
문명한 배달성손

못 믿을 게 열강이나
최후 양심 기대하고
치밀한 밀정감시
귓속말도 어려우니

정조대왕 성군치세
자주개혁 부국강병
승냥이 떼 같은 왜구
허사(虛事)가 된 광무황제

낮말은 새가 듣고
엄중감시 조롱하며
간곡한 구국밀명
대한신민(臣民) 물론이고

이런 괴변 또 있던가?
서구열강 외면하니,
오늘은 한낱 허사(虛辭),
야만폭력 제물 되네.

그나마도 대안 없어,
구조신호 보내려니,
손목·발목 다 묶이고,
창살 없는 감옥일세.

새 시대에 부활시켜
국태민안 도모터니,
광마(狂魔) 같은 분탕질에
열국회개 목표 삼아,

밤말은 쥐가 듣는
충의지사[150] 밀회하사,
열국에 보내시니,
외신[151] 또한 공명(共鳴)하네

---

150) 忠義之士.
151) 外臣. 헐버트를 가리킴.

벽안의인(碧眼義人) 헐버트
밀지전달 바쁜 행보
왜구와 한통속 된
돌아도 안 보거니

누차 미국 왕래하며
백악관 뜰 닳게 하되,
교활한 테디베어
마주쳐도 외면하네.

영국기자 스토리
귓전흉탄 용케 피해
서방언론 부추겨
영일동맹 결속 다진

창졸 간에 황명 받고
우방 선박 의탁하여,
신사[152] 체면 세우려다
영국정부 눈총 받고,

여러 밀행 잇달으나
오조약 기정사실화
밀정감시 우심해져
충신열사 위국충정

번지수를 잘못 찾아
안타까운 세월 가고,
내외소식 불통하나
외려 더욱 끓도다.

노국황제 헤이그에
내환평정 자구지책(自救之策)
만국평화 인류대의
양두구육 열강들도

열국회의 제안하니
대외평화 공세로되,
명분만은 당당하여
거절 못 해 성사되네.

---

152) 젠틀맨을 자처하는 영국인들을 가리킴.

열국대표 모두 모인
충의인재 엄선하여
세계만방 환시리(環視裏)에
강제조약 파기선언

둘도 없는 호기 맞아
헤이그 밀행시켜,
왜구만행 폭로하고
만천하에 알리고자,

율곡조술(祖述) 대석학
강철의지 대쪽검사
전로공사(前露公使) 이범진의
구어능통(歐語能通) 이위종은

이상설 정사(正使) 삼고,
이준을 부사(副使) 삼고,
반일구국 일념 이은
대외변론 맡기시다.

열혈지사 일성공(一醒公)
구국방략 의논하니
일편단심 충정 모아
일사보국 대서원을

은밀히 황제 뵙고
군신의기 부합하여,
밀지 성취 다짐하며,
골수 깊이 새기고,

간도 최초 민족학당
설립하여 정성 쏟던
북변 인재 가르침에
백지위임 특명 받고

용정의 서전서숙
보재선생 선견지명,
민족정신 우선하고,
보황보민[153] 한뜻 품네.

---

153) 保皇保民: 황권과 민족을 보위함.

보재·일성 해삼위에서
이수부(易水賦) 장렬의기
분한의 일권격(一拳擊)에
돌아올 기약 없는

동포들의 송별연에
모두들 숙연하고,
의열기개 충천한데
외길 밀행 떠나도다.

의외의 대한밀사
헤이그 평화회의
내심 비록 열강들과
유일한 도움 주니

노국황제 감심시켜
갖은 지원 약속하니,
다를 바가 막연하되
그 또한 호연(好緣)일세.

천신만고 우여곡절
신기하고 낯선 풍물
일각이 천추 같은
성사하려 동분서주

화란에 당도하니
호기심 절로 나도,
침식 잊은 총력외교
서양언론 관심 받고,

천하문장 이정사(正使)의
열국대표 회람한 후
왜구간계 교활하여
이준 열사 피를 뿜어

피 끓는 공고사(拱告詞)를
일제성토 요란하나,
늑약무효 성사 못 해
열강협잡 꾸짖도다.

헤이그의 외로운 혼
불의한 열강실상
이만 리 이역에
구국 진로 남은 한 길

열혈남아 이준 열사,
역사에 고발하고
애국애족 화신 되니,
왜구타도 자립뿐.

이준 열사 공덕 기린
위선에 찬 평화회의
구주·미주 열강제국
더 바빠진 발길로

미망(未亡)의 두 밀사,
별반기대 난망이라,
양심인사 두루 찾아
열사유한[154] 이루려네.

---

154) 烈士遺恨: 이준 열사의 못 이룬 한.

제11편
황제의 고뇌

구국열정 해아밀행(密行)　　　일제간담 서늘하여
못된 모략 자심(滋甚)하게　　　황제처사 비방하니,
성군치세 못 이룬 꿈　　　　　여한도 많거니와
적자신민(赤子臣民) 장래걱정　　단잠 이룰 수 없느니,

적소굴 된 구중궁궐　　　　　감시망 속 죄수인 양
역신(逆臣)핍박 매몰차니　　　군신위계 뒤바뀌고,
군부(君父) 몰래 통왜(通倭)하던　난신적자 말세무리
도리어 적반하장　　　　　　친일매국 자랑삼네.

의리 깊은 충의열사　　　　　사력 다해 토적(討賊)하나
고독한 황제심사　　　　　　울울답답 풀 길 없네.
조종열성(祖宗列聖) 뜻 이어　　한시바삐 구적(驅賊)하고
몽매에도 염원하되　　　　　민부국강(民富國强) 하렸더니,

광폭한 귀축(鬼畜)왜노　　　　충의지사(忠義之士) 도륙하고,
철없는 일진(一進)무리　　　　친일계몽(親日啓蒙) 연창하며,
얼 나간 서교(西敎)무리　　　　부흥회로 요행 찾고,
극악한 매국적신(賊臣)　　　　왜노충견 달게 하네.

배은망덕 저 왜노들　　　　　그간 한 짓 돌아보니
자주독립 꼬임수로　　　　　내우외환 들쑤시고,
청·일-노·일 두 전역에　　　　배달강토 거머쥐고,
충신열사 색출하여　　　　　문명종자 씨 말리고,

경제원조 빙자하여 왜채(倭債)로 꽁꽁 묶고,
국가발전 궤변하며 나라살림 결딴내고,
구미열강과 통하여 일방적 보호강행,
늑대굴에 던져진 토끼 꼴이 되었구나.

표독한 명치왜왕 무슨 숙겁(宿劫) 원한 있어
문명태평 이루려던 성자신손 배달민족
벌떼처럼 쑤셔 대고 아귀처럼 약탈하니,
순량(順良)한 우리백성 헐벗고 주리누나.

두 나라 사이에 원한이 있을진대
삼국이후 고려까지 천여 년간 왜구등쌀,
본조(本朝)에 들어와선 임진광태(壬辰狂態) 뚜렷한데,
저들 무슨 명분 있어 오히려 또 핍박하나?

생각하면 할수록 괴이하고 괘씸하다.
수백만 생명 끊고 문명터전 폐허 만든
임진국수(國讐) 갚으려면 멸왜족(滅倭族)도 부족한데,
원한보복 끝맺고자 자중하여 평화 찾고

인륜도덕 배우려던 막부(幕府)소청 간절하여
문명개화 가르치려 통신사도 보냈거니,
그 누가 알았을꼬 흉칙한 왜놈 심보,
개돼지만 못한 패륜 배사율을 범하누나.

파리외방 선교사들 　　　　불법입국 사교(邪敎)전파,
풍교(風敎)훼손, 민심교란, 　　폐단 날로 자심하여,
수차 의법조치 중에 　　　　　아편전쟁 더 기막혀
위정척사 문명사수(死守) 　　　미상불 정도(正道)러니,

병인·신미 두 양란(洋亂)을 　　자력으로 격퇴하고
동아자존 지키고저 　　　　　삼국단결 추진하니,
흑선(黑船)에 손 든 왜족 　　　화혼양재(和魂洋才) 요란하더니
탈아(脫亞), 정한(征韓), 원교근공 　교화·교린[155] 허사 되고,

병자(丙子) 이후 모든 악업 　　나열하면 끝이 없어,
동방에 개국이래 　　　　　　전대미문 사기협잡
온갖 행패 자행하며 　　　　　일방이익 추구하니,
겨우 피어나던 민생 　　　　　도탄 속에 빠져들어,

봉량미 거덜 나니 　　　　　　임오년에 군란 나고,
부정부패 조장되어 　　　　　동학농민 봉기하니,
민후(閔后) 비록 태자 위한 　　치성에 천금 썼으나,
왜구의 갖은 착취 　　　　　　민력고갈 원흉일세.

---

155) 敎化·交隣.

전주화약(和約) 해산농민
전대미문 을미왜란
어느 신(神) 웬 부처가
인류정의 어디 있어

무참하게 탄압하고,
황후원혼 사무치니,
저들 패악 조장하며,
인면마심(人面魔心) 다스릴까?

삼국간섭 절묘하여
앙심 품은 마귀인 양
청·로 양국 따돌리고
개혁발전 가로막고

기사회생하렸더니
모략책동 만발하여,
영·미 양국 음조(陰助) 얻어
보호국을 강요하네.

비록 사세 어찌 못 해
하늘이 무너져도
만백성 모두 함께
사람답게 살려 하나

국난은 당했으되
솟아날 길을 찾아,
복락세계 이룩하고
광마(狂魔)왜구 살벌하다.

우리형세 다시 보니
악독한 왜구무리
부리로 눈을 파고
열성(列聖)가호 아니시면

고립무원일 뿐이라.
올빼미가 먹이 채듯,
발톱으로 숨통 죄니
이 난국을 어이하리.

후회도 소용없고
누구를 원망하고
오백 년 길러 온
뭇 선비 중 원사(原土) 된 몸

한탄도 일없으니
무엇을 탓하리오?
선비충혼 엄연하니
결코 굴복 않으리라!

제12편
광무황제 강제퇴위

간적(奸賊) 이등 일찍부터
항일운동 괴수라는
해아밀사 활약함에
제위(帝位)에서 끌어내려

광무황제 혐오하여
비방에 거침없고,
못된 심사 더욱 꼬여
힘 못 쓰게 하려 하니,

일찌감치 왜노충견(忠犬)
을사 이후 더욱 설쳐
어불성설 퇴위강권
황제진노 자초하나

달게 맡던 한간(韓奸)들
주상 앞에 방자하게
협박하고 언성 높여,
주인 믿고 더욱 짖네.

독사 같은 왜추(倭酋)명치
한번 눈이 뒤집히니
성현어록(語錄) 알지 못해
대한황제 정통 끊고

판도확대 야망에
문명대도(大道) 안 보이고,
탐욕에만 눈이 멀어
통째 삼킬 궁리하니,

대한병탄 첫 순서는
태자 비록 명민하나
지난(至難)한 군국대사(軍國大事)
왜추야욕 실현함에

광무황제 축출이라,
독차(毒茶)사건 여독으로
감당키 어려우니,
다시없는 호재러라.

대한신민, 비록 험한
광무황제 건재함에
병탄음모 왜노들
전례 없는 황제퇴위

곤경에 처했어도
설욕을 낙관하더니,
온갖 공갈 협박으로,
총검 숲속 자행하니,

적신(賊臣) 이등(伊藤) 광무황제	퇴위를 강박할 새,
늑약파기 도모한	밀사파견 지당컨만,
열사분사(憤死) 일제망신	황제께 책임 지워
보호조약 위반이라	적반하장 위협하되,
해아사건 책임지고	물러나라 짖어 대나,
법국학자 공법(公法) 들어	늑약무효 증명하니,[156]
늑대 같은 심보로	조약이행 강제할 뿐,
이미 무효 늑약이니	무슨 책임 따로 질까?
분하다! 저 왜노들	칼자루 쥔 권세 믿고
해아밀사 쾌거를	황제의 음모라고,
"일본에 위약(違約)했다"	전 세계에 선전하니
내심 통한 서구열강	왜노책략 호응하네.
위국순사(爲國殉死) 마음 굳힌	황제의 결사저항,
당당한 그 기개	천고에 비장하나,
선전포고 협박하며	무력시위 감행하니
국가사직 보존 위한	일수(一手)후퇴 통분하다.

---

156) 프랑스의 국제공법학자 프란시스 레이는 국제법상의 갖가지 결격사유들을 골고루 갖춘 을사조약은 국제법적으로 무효임을 4239년(서1906) 2월호 국제공법잡지에 명백하게 밝혀서 일제를 곤경에 몰아넣음.

황태자를 대리시켜
언젠가 내외정세
못 다 이룬 자주개혁
부국강병 이룩하고

후덕하고 효성 깊은
대사도모 어려워도
불원간 왜구기세
만국정의 환기시켜

왜구·토왜(土倭) 작당하여
제멋대로 조작하여
열강 또한 맞장구쳐
광무황제 어이없어

국세 비록 미약하나
강제퇴위 누설되자
대안문 앞 너른 마당
퇴위취소 절규하니

십년 전 이 자리에
모든 희망 걸혀 가고
하늘은 어이하여
왜구에게 권세 주어

막후섭정 기하려니,
유리하게 돌아갈 제
기필코 성사시켜
구왜(驅倭) 자립하려 하니,

황태자 엄존(儼存)함에
부황(父皇) 뜻은 이으리니,
약해지는 기회 잡아
독립회복 하려 함에,

대리를 퇴위로
열강에 통보하고,
국제사기 협찬하니,
가슴 치며 한탄하네.

사람이야 없을쏘냐?
전 국민 분노하며
만백성이 부복(俯伏)하여
민족한이 하늘 뚫어,

만세환호 높았건만
민족 전도 암담하니,
의로운 자 고난 주고
이 민족을 괴롭히나?

"조종(朝宗)이여, 열성(列聖)이여,   어린 후손 보우하사
미친 왜마 쳐 물리고   광명세상 도로 찾아,
성자신손(聖子神孫) 오손도손   정답게 살게 하소서!
일사보국[157] 단성(丹誠)으로   성조(聖祖) 전에 보은하리."

노기충천 민중은   매국도당 진멸코저
황성가도 메우며   한간(韓奸) 찾아 횃불 켜니,
교활한 왜구들   황제칙조(勅詔) 날조하여
그 구실로 시위탄압   어이없고 원통하다.

---

157) 一死報國.

제13편
의병의 함성

국권수호 최후보루
국적(國賊)놈들 다음 순서
세 번째 사기늑약
새 황제 윤허 없이

태황제 깊으신 뜻
융희황제 보국의지
순사(殉死)결심 두 분 황제
황제서명 날조하여

우습구나 노추(老醜) 이등,
통감직(職)은 '대한외교
어찌하여 일본국
두 늑약이 스스로

흉악한 왜추(倭酋)명치
충용한 대한국군
이등은 칙조날조(捏造)
힘 안 들여 삼키려는

광무황제 유폐되니
대한내정 장악이라,
거침없이 기도하고
제멋대로 강행하니,

새 황제가 물려받아
결코 아니 흔들리니,
갖은 협박 안 통하여,
억지문서 조작했네.

을사늑약 합법이면
대표직'이 명확거늘
외교대표 노릇하나?
한낱 악동(惡童) 행패로세.

대한병탄 도모하나
예사롭지 아니하고,
무장해제 추진하니
도적심보 한가질세.

이완용은 이등 눈치
해산건의 선수를 쳐
진회[158]·임자[159]·고금간신
완용보다 악독한 자

귀신같이 파악하여
왜추환심 사려 하니,
많기도 하려니와,
그 어디에 또 있을꼬?

흉한(兇漢) 이등 내심 기뻐
서둘러 공포하나
"국가보위 미뤄 두고
필부도 머리 흔들

허위조칙 초안 잡고
수준미달 작문이라.
후생사업 힘쓰겠다"
천하망발 어이없네.

비분강개 박승환
장렬히 자결하며
대한국군 궐기하여
힘차게 무기 들고

거짓조칙 성토한 후
구국항쟁 포문 여니,
군인본분 다하고자
왜구격멸 앞장섰네.

을사 이래 토왜(討倭) 봉기
산림의 사군자(士君子)들
초야의 백성들
해산군 합세하니

열혈의병 얼마런가!
책장 덮고 기의(起義)하고,
호미 놓고 죽창 들며,
사기가 충천일세.

---

158) 秦檜: 남송시대의 간신.
159) 任子: 백제의 간신.

감시 속의 태황제
이강년, 이인영,
전국의병 총괄하며
원수왜구 막강하나

태백산 호랑이
왜노들 전전긍긍
장단(長湍)맹장 김수민
패악한 시절 맞춰

일·이·삼 차 한일협약
외교·재정·내정·군정
국권회복 한 가지 길
박쥐 같은 계몽(啓蒙)무리

열강침략 논리인
'실력양성 우선'이라
구국의병 매도하여
총단결은 난망이되

나라가 바로 서야
실력양성·교육·계몽
경제발전·문화창달
타민족 노예 될 제

밀령으로 격려하니,
허위 등 신명 바쳐
일대공격 시도하니
일진일퇴 치열하고,

신돌석 맹활약에
구명도생(救命圖生) 바쁘고,
지용겸비 토왜(討倭)하니,
영웅·장사 절로 난다.

줄 이은 사기극에
차례대로 강탈되니,
사생결단뿐이련만
부양·부왜(附洋附倭) 정신없어,

사회진화(社會進化) 주문 외고,
일제정책 발맞추며,
비적(匪賊)이라 흠잡으니,
적전분열 웬 추탠고?

민생 발전 가(可)하리니,
식산흥업 흥왕하고,
민족발전 기약하나,
그 모두가 꿈이런만,

왜·양문물 겉멋 들어
계몽운동 내세우되
'무지몽매 깨우치자'
자비·의타(自卑依他) 흰소리

산야에 은둔하던
왜구·토왜(土倭) 격멸하여
인류사상 전례 없는
유구한 문명역사

의병항쟁 치열하니
극악한 고문·처형
마을을 불태우고
학살만행 끝없으니

조그만 혐의에도
젊은 처자 반드시
노유(老幼)를 막론하고
의로운 마을마다

악귀 같은 왜노 이미
무슨 마성(魔性) 안 나오며
한왜전쟁(韓倭戰爭) 고래(古來)로
야수무리 극성하니

'깨었다'고 자찬하며,
피아(彼我)를 혼동하여
허튼소리 망발하니,
일제앵무(鸚鵡) 노릇일 뿐.

애국일념 전신민(臣民)이
자주독립 이루고저
대항쟁에 몰두하니
찬연한 횃불인데,

왜구본성 드러내어
인륜도덕 말살하니,
재물·양식 강탈하며
지옥도가 펼쳐지네.

총칼로 살해하고,
겁간한 후 살상하고,
집단학살 자행하니,
개·닭소리 끊기도다.

인류의 길 포기하니
무슨 짓을 못 할쏘냐?
인류·야수 상쟁(相爭)인데
인류가 고달프고,

91

악마왜구 승세하니
온갖 못된 짓 다 하며
태백산 호랑이[160]
왕산(旺山) 허위의 황도탈환

토왜·한간 덩달아서
의로운 자 핍박하니,
배덕(背德)토왜 도끼 맞고,
허망하게 좌초되네.

삼 년여 이은 항쟁
초조한 왜추명치
남한토벌 광기 부려
간도와 연해주에

왜구야욕 차질 생겨
항일의병 진멸코저
인류터전 초토 되니,
이주행렬 이어지네.

을사늑약 이후로
멋대로 탈취한
청나라와 간도협약
주인을 가둬 놓고

대한국 외교권을
간악한 왜노들,
억지로 체결하니
땅문서 넘겨준 꼴,

간도사령 이범윤
광복운동 기지건설
역부족 절감하고
뜻있는 삼한장사

그 기회 잃지 않고
시의적절하건만,
무력양성 매진하니
백두산에 운집하네.

---

160) 신돌석 의병장의 별칭.

제14편
융희순행(隆熙巡幸)

황제의 순행은
보천하지 막비황토[161]
충신열사 기리고,
미풍양속 장려하여

하늘의 뜻 따르고
열성조 가호 입어
만백성 평안 속에
문명인류 창성하니

제위 이은 융희황제
을미왜구 난동 당시
와신상담 설욕지심(雪辱之心)
군국대사(軍國大事) 탈취당해

효성 깊은 새 황제
태황제 뜻을 이어
심신 비록 고달프나
위민조칙 내리시고

고금의 상례(常例)이니,
모든 백성 돌봄이라.
변방경계 살피고,
천하기강 바로잡고,

사직을 안정시켜,
경국제세 보국안민,
안심입명 진인사(盡人事)라,
황제본업 이뿐이라.

보위에 오르시니
모후 잃은 한 품으사
태황제와 한가지나,
궁중 깊이 한숨짓네.

구국의지 도탑고,
광복염원 절절하여,
신민(臣民)위로 본무(本務) 삼아
전국순행 단행하니,

---

161) 普天下地 莫非皇土.

전국각처 의병들				사기를 북돋우고,
불안에 떠는 백성			안심시키심이시며,
은인자중하는 선비			분발토록 하심이며,
열국에 황제건재			알리고자 하심이라.

남행열차 초순행(初巡幸)에		대구로 향하시니,
인근신민 환희하며			모두 나와 환영하고,
부산에 이르러			왜함(倭艦)에 오르사
관람료 치르시며			침략놀음 비웃었네.

귀경길 대전에서			충렬(忠烈)자손 격려하며
군민합심 협력하여			국운타개 하자시니,
삼남의 우국지사			융희황제 본바탕을
새삼 알고 감읍하며			진충보국 다짐하네.

경성에 돌아온 후			잠시 쉬고 북행하사,
개성·평양·신의주의			대외항쟁 유적 찾고
순국선열 칭송하며			단군·기자 기리시니,
국운 이미 경도(傾倒)하되		중흥기개 높이시네.

은인자중[162] 융희황제   전국순행 하심에
깊으신 뜻 드러내사   신민들이 힘 얻으니
보황축왜(保皇逐倭) 신명 바친 의병항쟁 가열하고,
놀란 왜구 서둘러   강제병탄 획책하네.

왜구병력 증파하여   의병명맥 압박하고
부왜무리 재촉하여   합방청원 망동하니,
무장투쟁 힘 다하고   계몽운동 막막한데,
돕는 우방 일체 없어   일모도원(日暮途遠) 애끓누나.

---

[162] 隱忍自重.

제15편
하얼빈 의거

황해도라 신천군(信川郡)
문무겸비 충의지가(忠義之家)
구국 교육 큰 뜻 세워
급변하는 동아정세

이준 열사 감화받고
기독(基督)대의 바로 지녀
위태로운 나라형편
동기(同氣)들과 맹세하고

감연히 총검 들고
맹수사냥 익힌 솜씨
연해주 건너간
도강작전 수차례에

일제의 대한병탄
의병항쟁 치열하나
두 민족 간 사생결단
동양평화 가망 없고

심심산중 청계골의
개화보국(開化報國) 열정 끓어,
후진양성 매진하며
바로잡기 기원할 제,

백범과도 의기상통,
인류애 간직하고,
인의(仁義)로써 구하고자,
왜구격멸 다짐한 후,

토왜투쟁 앞설 제
백발백중 명사수라,
유 의병장 막하로서[163]
왜적간담 서늘하네.

급박하게 추진되니
욱일왜세(旭日倭勢) 더욱 커져,
적자생존뿐이러니
세계평화 요원하리.

---

163) 안중근 의사의 공식 직위는 대한의군참모중장(大韓義軍參謀中將).

간악한 왜추(倭酋)명치　　　무고한 이웃을
여우가 닭 노리고　　　　소리개가 토끼 채듯,
몰래 노려 덤벼드니　　　도적 심보뿐인데,
침략행렬 무리 짓고　　　노추(老醜) 이등 앞장서니,

서세동점 가열할 새　　　동방삼국 합심하여
야만침략 저지하고　　　참문명 보존하며,
상부상조 인류사랑　　　지상낙원 염원함엔
간흉노추 제거함이　　　만사 중에 으뜸이라.

안 의사의 단지(斷指)맹약　　구국성심 혈화(血花) 필 제
적괴(賊魁)의 무한탐욕　　　러시아와 사통(邪通)하니,
삭풍 부는 북만(北滿)광야　　삼중(三重)거사 신묘하여
하얼빈에 울린 총성　　　천하요물 응징했네.

이준 열사 분사(憤死) 이은　　안중근 의사 쾌거에
세계만방 경악하고　　　대한의열(義烈) 장하건만,
패악한 열강제국　　　　목전이익 탐닉하여
인류사에 길이 빛날　　　의거조차 외면하니

위국충성 군인본분[164]   견위수명(見危授命) 신조 삼아
원수법정 불법재판   공의(公義) 들어 질타하고,
생명을 초개같이   나라 위해 헌신하며
동양평화 대의명분   찬연히 드러내나,

열강과 한통속에   세계여론 눈치 보던
왜노들 일변하여   강제병합 서두르니,
인류양심 잊은 무리   갖은 간계 동원하되
합방청원 날조하여   연쇄사기 연출하네.

---

164) 爲國忠誠 軍人本分.

안중근 의사가 재판받을 때 열거한 「이등박문의 죄악(罪惡) 15개조」

하나. 일천팔백육십칠 년, 대일본 명치천황 폐하 부친 태황제 폐하를 시살(弑殺)한 대역부도의 죄.

둘. 일천팔백구십오 년, 자객들을 황궁에 돌입시켜 대한 황후 폐하를 시살한 죄.

셋. 일천구백영오 년, 병사들을 개입시켜 대한 황실 황제 폐하를 위협해 강제로 다섯 조약을 맺게 한 죄.

넷. 일천구백영칠 년, 다시금 병사들을 이용해 칼을 뽑아 들고 위협하여 강제로 일곱 조약을 맺게 한 후 대한 황실 황제 폐하를 폐위시킨 죄.

다섯. 한국 내 산림·하천·광산·철도·어업·농업·상업·공업 등을 일일이 늑탈(勒奪)한 죄.

여섯. 소위 제일 은행권을 강제하여 한국 내의 땅들을 억지로 팔게 만든 죄.

일곱. 국채 일천삼백만 원을 한국에 강제로 지게 한 죄.

여덟. 한국 학교 내의 서책을 압수하여 불사르고, 내외국의 신문을 인민들에게 전달하는 것을 막은 죄.

아홉. 나라의 주권을 되찾고자 하는 수많은 의사들의 봉기를 폭도라며 쏴 죽이거나 효수하고 심지어 의사들의 가족까지 십수만 인을 살육한 죄.

열. 한국 청년들의 외국 유학을 금지한 죄.

열하나. 소위 한국 정부의 대관이라는 오적·칠적 등 일진회 놈들을 통해 일본의 보호라는 헛소리를 운운한 죄.

열둘. 일천구백영구 년 또다시 거짓으로 다섯 늑약을 맺게 한 죄.

열셋. 한국 삼천리강산을 욕심내어 일본의 것이라 선언한 죄.

열넷. 이천만 생령의 살육의 곡소리가 하늘에 끊이질 않고 포성과 총알이 비 오듯 쏟아져 숨 쉴 틈 없는 와중에도 한국이 무사태평한 것처럼 명치천황을 속인 죄.

열다섯. 동양 평화의 영위를 파괴하여 수많은 인종의 멸망을 면치 못하게 한 죄.

제16편
철천지한(徹天之恨) 사기 합방

매국도당 일진회
하얼빈 의거 뜻 모르고
송두리째 나라 들어
만고역적 추한 이름

송병준과 이용구
왜구들과 놀아나
자진합방 청원하니,
어찌 벗어나리오.

합방·합병·병합·병탄
어차피 사기러니
병자이래 왜구들
양국인민 평등약속

말장난과 문자장난
명분인들 있을쏜가?
후안무치한 짓 보면
믿을 구석 없을지라.

독기 품은 혀끝마다
독립 두 자 아예 빼고
대한역사 말살하고
어리석은 매국주구

대한독립 되뇌더니
양국합방 운운함은
민족 또한 폐함이나,
국파민망 재촉하네.

양 국민 화해롭고
두 나라 공동발전
공통법을 공평적용
한·일 양국 그 무엇을

우호 다져 일국(一國) 같고,
평화롭게 맹약하며,
공유함이 합방인데,
공유하여 합방인가?

사기·협잡·학살·방화
외교봉쇄·내정늑탈,
인류사상 유례없는
채찍 날려 피 튀기니

온갖 죄악 그득하고,
군대해산·의병학살
배사율(背師律)에 인륜말살
영락없는 악귀 떼라.

주구 완용 부왜내각
지록위마 궤변하며
융희황제 결사저항
지존황후 치마 들춰

왜추명치 충노(忠奴) 되어
합방늑약 앞장서나,
아무 승인 못 얻으니
옥새강탈 날인함에,

주권자 승인 없는
왜구가 쓴 조약문구
옥새날인 훔쳐 하니
누가 봐도 뻔하건만

국제조약 무효러니,
황제서명 위조하며,
조약 아닌 사기문건,
국제정의 두 눈 감네.

왜양(倭洋)은 일체러니
일상다반사일진대
순망치한 일의대수
음빙실(飮氷室)은 어이하여

미열강 일본동조
그 오히려 당연하나,
청나라의 변법보황(變法保皇)
대한멸망 독설(毒舌) 쏟나?

유사이래 처음 당한
감당 못한 강개지사(慷慨之士)
오백 년 유풍(儒風)에
기필설욕 다짐하며

강제병탄 치욕을
줄을 이어 자결하고,
강골선비 무수하여
간도·노령 떠나가네.

만년을 이은 황통
조종덕치(祖宗德治) 멸실되고
문명종자 시드니
어둠의 권세가

이날에 포수(捕囚) 되니
악마철편 난무하여
다시 펼 날 기약 없고,
광명세계 뒤덮누나.

일월성신 천지운행
식견 좁은 하생(下生)인류
인간세상 스스로
상천(上天)은 어이하여

조화옹의 깊으신 뜻,
그 어이 알랴마는,
법도가 엄연커늘
권선징악 잊으셨나?

지순(至順)한 배달민족
가련한 인생 어육 되어
매국한 자 귀해지고
인류문명 끊어지고

지옥에 떨어지고
왜구 입에 들어가며,
애국지사 박해받아
금수(禽獸)세상 펼쳐지네.

「신한민보」에 실린 융희황제 유조

제17편
왜구 치하 지옥본색(地獄本色)

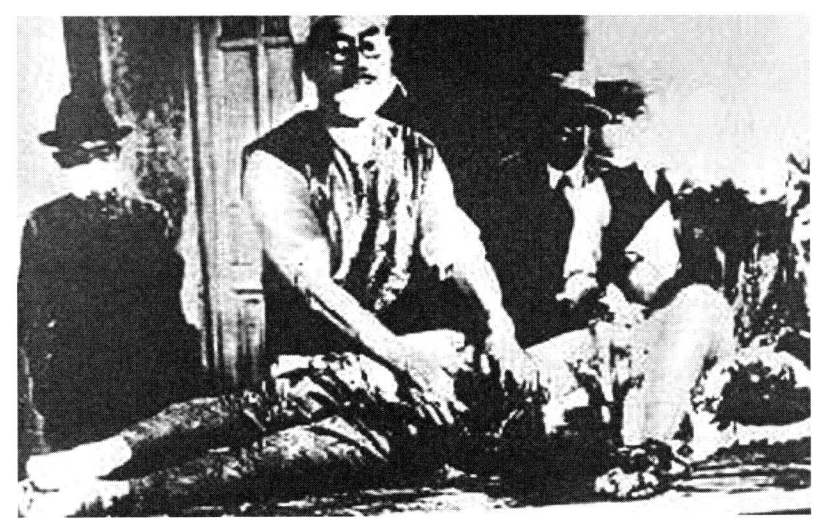

악명 높은 무단론자(武斷論者)
대한국 부임하니
기선(機先)을 제압하려
한 그물로 애국지사

사내정의(寺內正毅) 총독 되어
피바람이 불어오네.
흉악한 음모 꾸미며,
옭아매려 획책하네.

프랑스 가톨릭은
구주외방(歐洲外邦) 포교방략
불법입국 불법포교
교란(教亂)을 자초하니

대혁명에 실세(失勢)하니,
사활 걸고 추진하되,
조선국법 무시하여
백서사건(帛書事件)[165] 어이없고,

열강과의 수교이후
후생·교육·계몽 등
내우외환 민중에게
무거운 짐 벗고픈 자

서교교세 날로 커져,
가지가지 명분 삼아
천국의 길 꼬드기니
앞뒤 다퉈 모여드네.

태곳적 한님께서
천지자연 이치로
세월이 오래되매
지연 따라 혈연 따라

오색종족(五色種族) 교화할 때
상생화합 이르시나,
가르침도 가지각색
변함도 자연이라.

---

165) 황사영의 백서사건.

서교유래 돌아보니　　　창세기에 일렀으되
유태신 야훼가　　　　　우주만물 창조한 후
남녀한쌍 만들어　　　　만물의 주인 삼고,
번창하라 축복하나　　　골육상쟁 끊임없어.

로마제국 유태병합에　　노예굴레 덮어쓰고
구세주 대망(待望)하니,　나사렛의 한 목수가
인류애 가르치며　　　　만민평등 주장하다
십자가 위 제물 되니　　중흥교주 예수러라.

교주부활 신앙하고　　　내세천당 굳게 믿어
권선징악 장려함은　　　성인의 교화로되
어찌타 아전인수　　　　자파(自派)교리 고집하여
종파반목 치열하니　　　구주대란(大亂) 원인 되네.[166]

대한국에 뿌리내린　　　서교일파 가톨릭은
지난 교란 거울삼아　　　세속권력 중시하고,
순수신앙 표방하여　　　의열투쟁 경원하니,
안 의사 쾌거조차　　　　살인행위 혐의 주네.

---

166) 신교와 구교 사이의 30년 종교전쟁.

왜 총감 명석(明石)지침	밀정산포(散布) 묘책 삼아
낮말은 새가 듣고	밤말은 쥐가 듣는
세계최악 정보정치	흑암귀신(黑暗鬼神) 절로 나니,
매국밀정 한마디에	한인(韓人)생명 좌우되네.
초대총독 권위 세워	대한지배 다지고자
압록철교 준공식장	가는 길목 관서지방
지도자급 애국인사	얽어매어 옥사(獄事) 여니
이른바 사내(데라우찌) 총독	암살미수 사건이라.
천주교도 안명근은	투쟁자금 모금하며
사내처단 주도하되	극비밀리 행했건만[167]
국적민모(國敵閔某) 누설로	불의 체포 당하니,
왜구들은 호재 삼아	지옥도를 연출하네.
신 단재 증언하되	신종(新種)지옥 펼쳤으니
주리 틀고, 칼 채우고,	단근질에 채찍질,
전기고문 상습이요,	손발톱 밑 찌르는 등,
육신파괴 모든 고통	일시에 자행하며,

---

[167] 안명근은 안중근 의사보다도 먼저 간도 지방을 넘나들며 비밀리에 독립운동 조직을 다졌음. 특히 평안도와 황해도 지방의 유수한 애국지사들을 결집하는 한편, 신민회의 전국 조직망을 독립운동의 보루로 삼아 일순간에 전국적인 독립운동을 전개하기 위한 기회만 노리고 있던 중, 사내가 4243년(서1910) 12월 27일로 예정되었던 압록강 철교 준공식에 참석하려 한다는 정보를 입수하자 선천역 부근에서 사내를 처단하기로 하고 극비리에 동지들을 규합하여 모든 계획을 진행시킴.

수족을 달아매고,	콧구멍에 물 붓고,
생식기에 심지 박는	기상천외 모든 잔혹,
야만형률 사전에도	없는 악형 구십구종
악마왜구 그 어디에	기본인성(人性) 있던고.

민 주교 어이하여	천당행 약속하며
교인들 맞아들여	고해성사 받아 놓고,
폭설 속에 명석 밀회	극비보고 자청하여[168]
믿고 따른 독신자(篤信者)들	고문지옥 밀어넣나?[169]

---

168) 당시 대한국 담당 주교였던 뮈텔(Gustave Charles Marie Mutel: 한국명 민덕효(閔德孝)) 신부는, 천주교 조직을 통하여 알게 된 독립운동자들에 관한 다음과 같은 정보를 명석에게 전달했음을 비망록에 남김.
"빌렘(Wilhem) 신부가 '총독부에 대한 조선인들의 음모가 있었는데, 거기에 안명근(영세명 야고보)도 적극적으로 관여했을 것'이라는 사실을 편지로 알렸다. 빌렘 신부의 요청에 따라 나는 그 사실을 아카시 장군에게 알리고자 눈이 아주 많이 내리는데도 그를 찾아갔다. 그리고 그와 아울러 명동성당 앞에 통행로를 잘 내어주기를 부탁했다."
  * 명석은 프랑스 유학 당시 익힌 유창한 프랑스어를 구사함으로써 '뮈텔의 마음을 단단히 붙잡고 있었기 때문에' 이와 같은 뮈텔의 적극 협조가 가능했다 함.

169) 주모자였던 안명근 지사는 문자 그대로 형극(荊棘)의 길을 갔던 것이니, 왜구들은 널빤지에 촘촘하게 뾰족한 못을 박아 만든 고문대라고 할 수도 없는 도살대(屠殺臺) 위에 안 지사를 엎어 놓고 굴려대었다 함.

하루도 못 견딜　　　　　극악무도 갖은 고문
수개월을 계속하니　　　견뎌 낼 장사 없어,
허위자백 내뱉고　　　　재판석상 부인하니
증거라곤 애초 없어[170]　유야무야 결말 보나.

고초 받고, 절명하고,　　병신 되고, 광인(狂人) 되며
억지범죄 구색 맞춰　　　엄벌·중형 마구 가해[171]
극악한 무단정치　　　　만천하에 드러나고
전율과 공포 속에　　　　대한동포 한숨짓네.

---

170) 정확한 증거자료는 뮈텔과 명석만이 알고 있었으나 천주교 사제들이 밀고한 사실이 드러날 때 대한국인들로부터 천주교에 대한 비난이 쏟아질 게 뻔하므로, '총독살해 미수사건'이라는 명칭으로 적당히 결말지은 것임.

171) 총 600여 명이 연루된 이 사건은 1심에서 105인만이 유죄판결을 받았으므로 세칭 '105인 사건'으로 불리었고 다시 1년여에 걸친 제2심에서는 주모자로 지목된 6명을 제의한 99인이 증거불충분으로 무죄판결 받음. 안명근은 종신형, 김구와 김홍량 등은 15년 형. 도인권과 양성진 등은 10년 형을 받음.

제18편
광복의 횃불

고희(古稀) 노구 유의암[172]	화서 선생[173] 문인 되어
을미에 거병하니	척왜유림 선봉 되고,
'국수(國讐)왜구 축출 전엔	의병해산 않으리라'[174]
다짐하고 항일투쟁	어언 십오 성상 되어,
연해주 은거하며	분산된 의병 모아[175]
힘과 지혜 한데 뭉쳐	조국광복 이루고자
일심일념 정진하니	이주(移住) 동포 큰 호응에
대군단(大軍團) 회집(會集)하니	광복의 횃불일세.

---

172) 의암 유인석 선생.

173) 화서 이항로 선생.

174) 을미의병에 앞장섰던 의암 선생은 한때 크게 위세를 떨쳤으나 일제의 조종을 받는 관군의 우세한 화력과 병력에 밀림. 그는 광무황제의 칙령으로 모든 의병부대들이 해산되어 제각기 본업으로 돌아갈 때도 자신이 지휘하고 있던 의병을 해산하지 않았는데 그 이유는, "왜적이 아직 물러가지 않았는데 한번 일어났던 의병을 해산할 수 없으며, 황제의 칙령도 황제의 본뜻이 아닌 왜적들의 농간에 의한 것이기 때문에, 왜적이 이 땅에서 완전히 사라질 때까지 의병항쟁을 계속해야 한다."라는 신념 때문이었음.

175) 의암 선생은 4230년(서1897) 8월 광무황제의 부르심에 응하여 평안북도 초산으로 돌아왔으나. 그곳에서 황제께 드리는 국정 쇄신을 위한 상소문만을 올리고 알현은 하지 않았고, 그 후 10여 년간 압록강을 넘나들면서 많은 후학들과 독립투사들을 배출함. 정미늑약의 강제체결 후에는 더욱 확고한 독립운동 기지를 건설하고자, 병든 몸으로 북간도로 망명을 떠났다가 다시 연해주로 이동하여 자리를 잡게 됨.

의암 선생 한결같이　　　　중시함은 황통(皇統)이니,
민족정통 황통만이　　　　광복투쟁 중심 되며,
흩어진 힘 결집하여　　　　대역사(大役事) 성취하고,
영원한 민족단결　　　　　자주부강 이루고자

동서고금 심모원려(深謀遠慮)　우주문답[176] 한 편 지어
근세유럽 공화주의　　　　장단점을 논박하며,[177]
대한민족 오랜 황통　　　　견지함을 원칙 삼아
뜻과 힘을 모아서　　　　　기필광복 염원하네.

---

176) 『宇宙問答』. 의암 선생의 세계관과 철학이 집대성된 유작(遺作).
177) 의암 선생은 광복투쟁에 있어서 무엇보다도 이념적 통일이 중요함을 인식하여, 위정척사론의 정통을 이어받은 자신의 광복투쟁 이념을 각 분야에 걸쳐서 제시함. 그중에서도 그가 가장 중요하게 생각한 것은 정체(政體)에 대해 확고한 통일성을 기해야 한다는 점이었는데, 따라서 그는 당시에 점점 퍼져 가고 있던 민주제적 정치 이론에 대해서도 다음과 같은 의견을 피력하고, 청나라에서 신해혁명이 발생하여 공화정이 수립된 데 대해서도 통렬한 비판을 가함.
"사물의 이치는 하나를 주(主)로 삼는 것이니 하나로써 만(萬)을 통치해야 그 이치를 얻을 수 있다. 만(萬)이 하나의 통치를 받지 않으면 어지럽게 될 것이다. 천지를 두고 보아도 하나의 태극에서 음양오행과 남녀만물이 생겨나고, 사람에 있어서도 한 마음이 있어야 사지(四肢) 백체(百體)를 쓸 수 있다. 많은 것으로 따지면 뭇 별이 태양보다 많지만 태양이 위주가 되고, 뭇 산이 태산보다 많지만 태산이 위주가 되고, 만민이 각양각색이지만 하나의 임금이 있어 그 위주를 이루는 것이다…."

역사 오랜 인본(人本)문명	우리대한 자랑이니
아름다운 미풍양속	더욱 발전시키고
기술 앞선 서양문물	부국강병 밑천 삼아
민부국강(民富國强) 이룸은	동도서기(東道西器) 본뜻일세.[178]

국경판무(辦務) 이범윤	대한황제 밀명 받아
창의서(倡義署) 조직하고	의병역량 결집하며[179]
홍범도와 안중근 등	일기당천 의병장들[180]
도강(渡江)국토 수복작전	왜구간담 서늘하네.

---

[178] 의암 선생은 서양으로부터도 우리가 배울 것은 배워야 한다고 주장했고, 특히 서양의 장점인 전쟁기술과 전쟁무기 등에 대해서 국가적 차원에서 잘 운영해야 할 것을 역설함. 즉 그가 '광복'하고자 한 나라의 모습은 덕망 있는 임금을 중심으로 하되 민의를 충분히 수용하면서 동양적인 도덕성과 예절을 잘 지켜 나가는 한편, 서양의 물질문명도 부국강병에 필요할 만큼 도입해서 발전시켜 나가는, 민족적 주체성이 강한 전형적인 '동도서기(東道西器)'적 문명국가였음.

[179] 이범윤은 "황제 폐하께서 나를 국경판무관에 임명하셨다. 따라서 나는 블라디보스토크 지사와 연계를 갖고 곳곳에 대한국의 독립을 회복하기 위한 목적으로 창의서(倡義署)라는 단체를 조직해 놓았다. 연해주 지방에 거주하는 동포들에게 고하노니 조국을 구하는 일에 참여하라. 우리 조상들이 대한국의 산하에 잠들어 계신 것을 기억하라. 우리 모두 대한국 출신임을 잊지 마라. 나는 홍범도를 대한국의병대 사령관으로 임명했고, 그에게 자금과 무기를 모을 것을 지시했다. 모든 대한국인들은 그가 무기와 탄약을 구하는 일에 순응해야 할 것이다. 연해주 지방의 모든 대한국인은 우리의 목적을 달성하기 위해 연합해야 한다. 조국을 구하는 데 큰 공을 세우는 자는 대한국으로 돌아가는 대로 큰 상을 받게 될 것이다."라는 격문을 냄으로써 광무황제로부터 광복운동을 총지휘하라는 밀명을 받고 있음을 알림.

[180] 삼수갑산과 장백부 등지를 중심으로 혁혁한 항일투쟁을 전개하고 있던 홍범도 의병장도, 경술국치를 전후해서 휘하 의병들과 함께 해삼위 지방으로 이동하여 구국의병전을 추진하고 있었음.

해아밀사 이상설　　　　　북반구를 제집 삼아
이준 열사 유한 풀고　　　조국광복 이루고자,
열국에 독립호소　　　　　외교총력 기울이며,
해삼위에 회맹(會盟)하니　광복의 사령탑이라.

하얼빈 의거 장하건만　　왜구 더욱 포악해져
강제병탄 몰고가니　　　　풍전등화 조국이라.
망명의병 국내의병　　　　총궐기 시급하니
십삼도 의군을　　　　　　일사천리 규합하고,[181]

연금상태 태황제께　　　　연명상소 올리되,
연해주 파천하사　　　　　항왜의지 밝히시고
광복운동 이끄시길　　　　간절히 염원하나,[182]
철통같은 왜구감시　　　　망명결행 난망(難望)일세.

---

181) 이상설·유인석·이범윤 등이 중심이 되어 4243년(서1910) 5월에 '13도 의군'을 결성하여 유인석을 도총재(都總裁). 이범윤을 창의(倡義)총재, 함경도의병장 이기남을 장의(壯義)총재, 그밖에 홍범도를 동의원(同義員) 등으로 편성하고, 국내에도 전국 각지에 전투능력을 갖춘 장정은 모두 의병으로 편성한다는 계획하에 각지의 임원들을 편성코자 함. 그리하여 국내에 '13도 대소(大小)동포에게 고함'이라는 포고문을 보내고 의병규칙도 만듦.

182) 4243년(서1910) 7월 28일에는 유인석과 이상설이 연금 상태에 있던 광무 황제에게 비밀리에 사람을 보내어 두 사람이 연명한 상소를 올렸음. 그 첫째는 이미 러시아 측과도 깊이 있는 이야기가 오갔으니 부족한 군비를 확충하기 위해서 광무황제께서 내탕금을 하사해 달라는 것이었고, 또 하나는 광무황제께서 친히 시베리아로 망명하시어 독립운동을 영도해 달라는 것이었음.

강제병탄 이뤄진 후　　　　노일양국 정세 묘해
성명회가 백방으로　　　　왜구만행 성토하나[183]
강도일본 항의받은　　　　맥 빠진 러시아는
되레 한인 핍박하니　　　　서 있을 땅 한 뼘 없네.[184]

애써 모인 성명회　　　　　하루아침 붕괴되어
선두 섰던 간부들　　　　　혹은 구속, 혹은 피신,
산지사방 흩어져　　　　　정처 없이 유랑하니,
적막강산 눈보라에　　　　피눈물이 절로 나네.

---

[183] 4243년(서1910) 8월 초에 조국이 강제합방 당하게 되리라는 소식을 접하게 된 해삼위의 애국지사들은, 강제합방을 막고 국권 회복 투쟁을 보다 폭넓게 거족적으로 전개시켜 나아가기로 결의하여, 4243년(서1910) 8월 23일에는 해삼위의 신한촌 한인 학교에서 대규모의 한인 대회를 열고 성명회(聲明會)를 조직함. 그것은 어떤 방향으로든 외교적 노력에도 최선을 다해야 한다는 절박한 인식에서 이루어진 것임.

[184] 성명회의 활동이 전개됨에 따라 일제는 주무대신(主務大臣)인 계(桂: 가쓰라)가 러시아에 직접 가서 러시아 당국에 강력한 항의를 제기하고, 노일 양국 간의 '범인 인도에 관한 조약'에 의거해 이상설·유인석·이범윤·이규풍 등 성명회의 주동 인물들을 체포하여 인도해 줄 것을 요구함. 공산혁명 전야의 복잡한 국내 사정 때문에 일제와의 분쟁을 원치 않던 러시아 당국은 이상설을 비준하여 성명회 및 13도 의군 간부 20여 명을 체포하고 투옥하는 한편 러시아에서의 대한인들의 정치 활동을 일체 금지해 버리고 말았으며, 이상설은 니콜리스크로 추방함. 따라서 모처럼 결성되려던 13도 의군은 물론 성명회마저도 발족한 지 불과 한 달도 채 못 되어 해산됨.

노국정책 조변석개　　　반년 만에 한인우대
광복수뇌 다시 모여　　　권업회 결성하니,[185]
노총독 내밀(內密)협조　　신한촌(新韓村)이 흥왕할 제,
구주대전[186] 벌어지니　　조국광복 호기로세.

---

185) 대한국인들과 다툴 이유가 없었던 러시아당국은 성명회 간부들을 일제에 인도하지 않고, 다음 해인 4244년(서1911)부터는 대한인들의 민족운동에 대해서 묵인 내지 방조하는 조치를 취하기 시작하여 투옥했던 간부들을 일찍 감치 석방하는 등 호의를 보여 줌. 이에 애국지사들은 4244년(서1911) 5월 19일에 이종호·김익용·장택희·엄인섭 등이 발기하여, 그다음 날인 5월 20일에는 성명회의 이념을 계승한 보다 강력한 항일투쟁 단체인 권업회(勸業會)를 해삼위의 신한촌에서 발족시키고, 유인석을 권업회의 수총재(首總裁)로 추대하여 진용을 재정비함.

186) 歐洲大戰 = 1차 세계대전.

영웅이 때 만나고	때가 영웅 만드나니,
와신상담 사 년 만에	이 아니 기쁠쏘냐.
준비해 온 역량 모아	군정부를 이루니,[187]
해외 모든 삼한장정	수십만이 총검 드네.[188]

---

187) 光復軍政府. 이상설은 광복군을 본토 밖에서 양성하여 일제와의 전쟁을 치르는 한편, 본토에서는 그 전쟁을 뒷받침할 수 있기를 바람. 그는 권업회의 조직을 통해서 비밀리에 여러 지역에 광복군을 예비 편성 하고, 또한 광복군의 진지가 될 만한 비밀스러운 장소들을 물색하기도 했으며, 친분이 두터워진 곤닷지 총독과 교섭을 벌여서 물색해 낸 장소들을 무상으로 빌려 쓰고, 훈련 교관과 막사 등까지도 제공받음. 그리하여 여러 곳에 광복군 대병력이 예비 편성 되었고, 4246년(서1913)부터는 이동휘·김립·이종호·장기영·김하석·오영선 등이 동북 만주의 수분대전자(綏芬大甸子)에 위치한 나자구(羅子溝)에서 광복군 사관학교를 추진함. 이러한 막강한 예비 전력을 바탕으로 노령 이민 50주년째인 4247년(서1914)에 대한광복군정부를 설립함. '대한광복군정부 정통령(正統領)'에는 이상설이 추대됨.

188) 4247년(서1914) 6월경 작성된 일제의 조사 결과는 다음과 같음.
시베리아 지역: 29,365명. 창탄(槍彈) 13,000병(柄).
길림 지역: 260,000여 명. 창탄 소지함.
무송현 지방: 5,300명. 강계포수 및 해산군인 포함.
왕청현 지방: 19,507명. 산포수·해산병·학생 등. 창탄 소지함.
통화·회인·집안현 지방: 390,073명.
미주 지역: 855명. 학생과 교관 포함.

일제의 청도공함[189]			독-일개전 명백하니,
태황제 비밀리에			카이저와 통하여
대일공동 전선제의			간곡히 청하나,[190]
걷잡을 수 없는 전세			안갯속에 갈팡질팡,

계몽·개명 자랑 삼던			서양문명 본색을
백일하에 드러낸			땅따먹기 완력다툼!
대량살상 무기 판쳐			사상자가 수천만에,
무엇이 문명이고			무엇이 인도(人道)런가?

대한국 병탄됨에			정도(正道) 찾을 길 없더니,
총체적 야만화된			인류에게 남은 일이
적자생존 식민확장			분쟁밖에 더 있으랴?
상부상조 어디 가고			탐욕만이 천지 덮네.

---

189) 青島攻陷. 일차대전 중 열강의 동아시아 세력균형이 깨어지자 일본은 독일의 관할하에 있던 산동반도의 청도를 공격하여 점령함.
190) 광무황제는 4247년(서1914) 12월에 삼엄한 밀정들의 경계망을 피하여 극비밀리에 북경주재 독일공사 힌체(Hintze)에게 밀사를 보내어 양국 우호와 독일의 원조를 바라는 밀서를 접수시킴.

제19편
광복투쟁 화신 되어

구미열강 오랜 각축	전선마다 시체 쌓여
썩는 악취 진동해도	해결기미 안 보이고,
동아정세 괴이하여	노·일양국 동맹 맺어[191]
한·로·중·독 연합 기(期)한[192]	광복노선 흔들리네.

독일세력 고립되고,	러시아는 혁명전야,
중국은 정견(定見) 없어	의지할 곳 마땅찮아,
군정부 외교노력	벼랑 끝에 몰리는데,
무심한 노국정부	권업회를 해산하네.[193]

수차례 노국변덕	넌덜머리 절로 나서
유의암 노령 떠나	서간도로 들어가
후학양성 동지결속	투쟁이념 저술 중에
회한 속 타계하니	광복운동 큰 별 지네.[194]

---

191) 1차 세계대전 때 광복군 정부 요원들의 기대와는 달리 노일전쟁은 발생하지 않았고, 오히려 제국주의적 실리에 밝은 러시아와 일제가 동맹을 맺고, 러시아가 자국 내에서의 모든 정치 활동 등을 금지해 버리고 말았으므로, 모처럼 결성된 광복군도 표면적으로는 전혀 활동할 수가 없게 되어 버림.

192) 韓露中獨. 대한광복군정부 요인들은 러시아·중국·독일과의 연합전선을 꾀함.

193) 제1차 세계대전 때 일제의 배후공격을 두려워한 러시아는 일제와 제휴하여 러시아 영토 내에서의 모든 대한국인들의 사회 활동, 특히 정치 활동을 금지했으므로 권업회도 해산당하고 『권업신문』도 정간당함.

194) 유의암은 러시아도 믿을 수 없다고 판단하고 만주로의 이전을 결심하여 4246년(서1913) (음)2월에 실행에 옮긴 후, 봉천·흥경·관전 등에서 동지 및 제자들과 독립전쟁 방략을 논의하기도 하면서 주로 저술 활동에 전념함. 흥경에서 노환에 시달리며 그의 인생관을 총정리한 『우주문답』 등을 저술한 그는 4248년(서1915) 3월 14일 서거함.

노령의 광복운동	노·일야합에 설 땅 잃어,
만주·중원 헤매 도니	국운도 박복하나,
지중한 국권투쟁	한시도 쉴 수 없어,
상해에 모인 지사	혁명당을 결성하네.[195]
절호기회 구주대전	독일승세 가름하여,
한·독·중 연합으로	야만왜구 격멸한 후,
여세 몰아 국토수복	조국광복 이룩하려[196]
망명투사 뜻을 모아	태황제를 옹립하네.[197]

---

195) 4248년(서1915) 초, 권업회의 중요 임원인 이상설, 상해의 박은식, 신규식 등과 청도에서 활동하던 조성환, 시베리아에서 활동하던 유동열, 국내에서 간 유홍열 등은 상해에 설립된 배달학원에서 회합하여 제1차 대전의 경과를 검토했는데 거기에서 그들은 당시 승승장구하고 있던 독일이 승리할 것으로 예상하고 그에 따른 광복운동 방략을 논의함. 결론은 국내외를 효과적으로 연결하고 독립군의 무장과 독립전쟁의 결행을 주도할 신한혁명당을 조직하여 활동하자는 것으로 모아짐.

196) 외교 분야를 담당키로 한 성낙형의 주장은 다음과 같음.
"전쟁에서 독일이 승리할 것이고, 일제의 지나친 요구에 시달리고 있는 중국인들도 독일과 결탁해서 일제와 결전하게 될 것이며, 러시아와 영국과 미국도 합세하면 일본이 고립될 것이므로, 이를 독립회복의 적기로 삼아야 한다. 해외에서는 외세를 이용하고, 국내에서는 실력으로 응하여 중국과 중한의방조약(中韓誼邦條約)을 체결해야 한다."

197) 신한혁명당의 당수로는 강제 퇴위당한 광무황제가 추대됐는데, 독립전쟁을 성공리에 수행하기 위해서는 국내외 모든 대한인들이 일체 단합해서, 민족사 정통성의 상징이며 투철한 반일정신의 소유자로서 여전히 대한국인들의 지지도가 가장 높은 태황제를 구심점으로 하는 공고한 망명정부를 건설해야 한다는 데 의견이 모아졌기 때문임.

태황제 인허받아	독·중과 우호 맺어[198]
국제공신(公信) 확립코저	비밀접촉 시도하나,[199]
엽견(獵犬) 같은 왜구밀정	냄새 맡고 방해하니
황제인허 내렸으되	보안사건 빌미 되네.[200]

을사 만행 폭로한	해아 정사 이상설
해외에 유랑하며	풍찬노숙 십여 년에
광복운동 선봉 되나	심신탈진 기혈(氣血) 해쳐,[201]
각혈 끝에 별세하니	유언 또한 통절하다.

---

198) 지나에서도 대총통 원세개가 세력 확장을 기회 삼아 황제로 즉위하려 시도하고 있었고, 독일도 제정(帝政)이었으므로, 두 나라의 후원을 얻으려면 제정이 마땅하다고 판단함.

199) 외교부장 성낙형 등은 광무황제로부터 중국 정부와의 '한중의방조약' 체결에 필수적인 신임장을 받아 오기 위하여 국내에 잠입함.

200) 국내에 잠입한 혁명당 간부들은 많은 동지들을 규합하고, 4248년(서1915) 7월 26일에는 충직한 내관(內官) 염덕신을 통해서 마침내 덕수궁의 함녕전에서 신한혁명당의 활동 내용이 담긴 서찰과 관계 서류 등을 광무황제에게 전하니, 황제께서는 크게 기뻐하시며 외교부장 성낙형을 직접 만나기 위한 알현 허가까지 내리셨으나, 일제와 매국 밀정들의 감시망에 걸린 대부분의 관련자들이 소위 '보안법위반사건'으로 체포됨.

201) 젊을 때부터 건강이 좋은 편은 아니었던 이상설은, 헤이그 밀사로 파견된 후 10여 년간 문자 그대로 동분서주하다가 결국 자신의 건강을 크게 해쳤음. 최후의 힘으로 결사적으로 추진하던 신한혁명당 계획의 좌절 후 울분이 쌓인 그는 건강이 급속히 악화되었고, 47세 되던 4249년(서1916)에는 피를 토하는 중병으로 완전히 앓아누움.

"조국광복 못 이룬 　　　　불초한 부운(浮雲) 인생,
내세울 것 없거니 　　　　남길 것은 무엇이랴?
평생의 과업이 　　　　　　허망한 꿈이 되니,
차라리 글도 몸도 　　　　남김없이 불태우라."[202]

광야에 장작 쌓고 　　　　밀사 유해 화장하니,
백골조차 남지 않고 　　　충혼은 별빛 되고,
일생에 남긴 문집 　　　　서재 한 칸 메우건만,
편린조차 안 남기니 　　　그 뜻을 누가 알꼬?[203]

광복투쟁 두 큰 별 　　　　밤하늘에 빛나건만,
그믐에 구름 끼니 　　　　백귀(百鬼)가 횡행(橫行)하고,
음산한 귀곡성(鬼哭聲)에 　간담이 동요하며
깊은 산길 들어서니 　　　가시덤불 가로막네.

---

202) 이상설의 유언 내용 중 인용.
203) 민족사학자인 위당 정인보 선생은 이상설 선생의 흔적이 모두 자취 없이 사라져 버렸음을 한탄하여 다음과 같이 읊음.
"임종에 큰 탄식 여러 차례 외로운 충신의 못 푼 한 가슴에 어리어
유언하노니 자기 몸을 화장하고 난 후 그 재마저 바다에 뿌리라고,
문집의 초고를 꺼내어 불태우니 생전의 행적을 남겨 전하지 못하게 하려는 뜻이리라.
자기의 그림자마저 남기지 말게 하고 아울러 뒷날 그 이름도 없애려는 것이리라."

서산에 해 지니
따르던 이 방향 잃어
왔던 길 다른 이들
해 저문 첩첩산중

앞길조차 어두워
갈림길에 헤매고,
가는 길도 변해 가니,
도깨비불 난무하네.

제20편
대동(大同)이냐, 대통(大痛)이냐?

옛 성현 이르신	예기(禮記) 예운(禮運) 구절 보니,[204]
풍속이 순후하고	인심이 편안하며
저마다 힘써 일해	나눠 갖는 지치지세[205]
다툼 없고 상부상조	대동세계(大同世界) 이르시네.
전설적인 이상세계	서세동점 위기 맞아
피폐해진 지나인들	다시 높이 추앙하니,
태평천국·의화단 등	갖은 난리 바탕 되고,
대동서에 주창하니[206]	동방제자(東方諸子)[207] 화두 여네.
지나식자(支那識者) 대동 들고	중화주의 칼날 갈아
오족협화[208] 열창하니	대동 아닌 소동(小同)이며,
왜족 또한 흉내 삼아	대동(大東)공영 외치나
총칼 들고 노략 바빠	선한 이웃 공멸(共滅)하네.

---

204) 사서오경의 하나인 『예기』의 「예운」 편에 대동사회 설명이 있음.
205) 至治之世. 다스림이 지극히 완전한 태평성세.
206) 강유위는 『대동서(大同書)』를 저술했으나, 대동세계의 원뜻과는 거리가 먼 일종의 지나판(支那版) 사회진화론에 불과함.
207) 동아시아 각국의 여러 선도적 지식인들.
208) 五族協和. 삼민주의를 제창하며 한족(漢族) 부흥에 앞장섰던 손문은, 만주족이 이끌던 청나라가 무너지자 돌변하여 한족·만주족·몽골족·서장족·위글족 등 다섯 큰 민족의 화해를 주장하는 양면성을 보임. 즉 한족 중심의 중화주의라고 할 수 있음.

조국광복 대사업에　　　　대동단결 필수러니,
애국지사 힘 모아　　　　　큰 뜻을 함께하여
선열들의 광복의지　　　　선양함이 떳떳한데,
대동단결 선언컨만[209]　　되레 분열 심해지네.

경술년 주권강탈　　　　　융희제 한(恨) 맺히건만,
무슨 억하심정으로　　　　주권포기 단정하며,[210]
적 포로 된 두 황제[211]　구출방도 모색 않고
금치산자(禁治産者) 취급하여　정통황위 부정하나?

계몽 찾던 지사 일파(志士一派)　공화대동(共和大同) 획책더니
어제는 독·중 따라　　　　입헌군주 제창하고
오늘은 미·소 따라　　　　공화 무군(共和無君) 말 바꾸니,[212]
내일은 누구 따라　　　　　무슨 국체(國體) 열변할꼬?

---

209) 4250년(서1917)에 신규식·조소앙·신석우·박은식·윤세복·김규식 등 민족운동가 14명이 발기한 소위 '대동단결선언(大同團結宣言)'이 등장함.
210) 대동단결선언에서는 "경술년 융희황제의 국권 포기는 즉 아(我) 국민동지에 대한 묵시적 선위이니, 아 동지는 당연히 삼보를 계승하여 통치할 특권이 있고, 또 대통을 상속할 의무가 유하도다. 고로 이천만의 생령과 삼천리의 구강과 사천 년의 주권은 오인(吾人) 동지가 상속하였고, 상속하는 중이요, 상속할 터이니, 오인 동지는 차(此)에 대하여 불가분의 무한 책임이 중대하도다…."라고 하여, 사기합방늑약에 의한 강제 병탄의 본질을 전혀 무시함.
211) 광무태황제와 융희황제.
212) 4250년(서1917) 러시아 혁명으로 소비에트의 집권이 시작되었는데, '선언'은 러시아에서 벌어지고 있던 공산주의 혁명의 영향을 너무 깊이 받음.

양 거두[213] 서거하자　　선장 잃은 난파선에
너도 나도 선장 노릇　　배가 산에 올라가리.
합심해도 힘든 복국(復國)　　적전분열 자초하니
무엇 위한 선언이며　　누구 위한 투쟁인고?

면암·일성·의암·보재,　　민 충정공·박 참령,
열혈 끓던 선열들　　하나같이 이루려던
그 한뜻은 만세무궁　　정통 황통 계승인데,
시류 따른 보황입헌(保皇立憲)　　어이하여 경멸하나?[214]

성현들이 대동법문(法文)　　만민에 베푸심에
만민이 본받아　　한 믿음을 지키거니,
만세황통 이어 온 뜻　　성현교화 펼침인데,
서양 만습(西洋蠻習) 즐겨 좇아　　황통부정 웬 말인가?[215]

---

213) 兩巨頭. 유의암·이보재 두 분.
214) 광무황제의 옹립을 통한 광복투쟁 효과의 극대화를 시종일관 추진하던 유의암과 이보재 등의 서거 후, 서양 사조의 영향을 많이 받은 신세대 운동가들이 '주권을 포기한' 황실로부터 민족사적 정통성을 박탈함으로써, '국민주권론'에 의한 새로운 정통성의 창출 방안만 남음.
215) 당시만 해도 보황(保皇) 의식이 강했던 대부분 동포들이 대한국민임을 자부하고 있던 민족정서로 볼 때, 선언 중에 "… 아일랜드·리비아·모로코·인도·서장·고려 등은…"이라 하여 국명을 '고려'로 임의 표현한 것은 시의적절치 못함.

광복의 제일의(第一義)는	제국(帝國)대한 광복이니,[216]
황제복위 제쳐 두고	무슨 광복 따로 찾고,
민족사 정통 이은	융희제 무시하고
무슨 명분 내세워	정통사를 이을꼬?[217]
인륜에 빼지 못할	큰 두 가지 난망(難忘)이매,
군의신충·부자자효[218]	충효 빼면 금수러니,
우리 군부(君父) 불운하되	적중(敵中)에서 기약할 바
군민이 합심하여	정통역사 이음일세.[219]

---

216) 유인석을 비롯한 만주·노령의 광복투사 대부분이 '광복'하고자 했던 것은 '대한국과 함께 강제로 해체되어 버린 우리 사회제도의 복구'였음.

217) 을사늑약의 불법성이 4239년(서1906)에 프랑스 국제법학자인 프란시스 레이에 의하여 증명되었고, 그 엉터리 늑약을 근거로 을사늑약과 같은 방식으로 진행된 합방늑약 또한 '무효조약'임. 따라서 융희황제는 주권을 포기한 적도 없고 대한국은 왜구들에게 국권을 넘겨준 적도 없으니 융희황제는 엄연한 대한국의 주권자이며, 주권을 직접 행사하기 어렵다고는 해도 주권자로서의 상징성은 여전히 융희황제에게 있음.

218) 君義臣忠·父慈子孝.

219) 4250년(서1917)에도 이회영에 의해서 광무황제를 옹립하는 망명정부가 비밀리에 추진되고 있었던 점을 보면, 일부 소장파 운동가들이 제시한 선언은 별로 고려의 대상이 되지 못했음을 알 수 있음.

일제침노 근본목적 　　대한역사 말살하여
세계최고 인류역사 　　야만으로 떨궈 놓고,
동아 최열(最劣) 혼탕잡사[220] 　　도왜(島倭)행적 추켜올려
인류족보 가로채어 　　저들 차지하려 하나,

사적(史籍)이 엄연하고 　　문물이 상존(常存)하며,
역사 날조하려 하나 　　황통 또한 확연하여,
모든 음모 허사될까 　　좁은 가슴 태우더니,
주권포기 일방선언[221] 　　손 안 대고 코 풀었네.

---

220) 混湯雜史. 동아시아에서 남녀가 혼욕하는 야만 풍습은 왜열도에 치중되어 있었고, 그와 같은 야만 역사를 인류의 정사(正史)로 볼 수는 없으므로 잡사로 규정할 수 있음.
221) 생사여탈권이 적의 수중에 놓인 채 포로가 된 가장(家長)을 대신해서 집안을 일으켜 보겠다는 의욕은 가족 구성원 누구에게나 필요하겠지만, 그렇다고 해서 가장을 '없는 것'으로 친다면 '패륜'일 수밖에 없음.

역천(逆天)인가, 혁명인가,　　　　중의(衆意)도 분분(紛紛)한데,[222]
이천 리 열혈화선[223]　　　　　의병투혼 진노하고,[224]
태평양 밖 공화파도　　　　　　역천(逆天)잣대 갈팡질팡[225]
대동단결 절규하나　　　　　　선뜻 나서는 이 없네.[226]

---

222) 최초의 임시정부인 '대한광복군정부'의 이념을 본받았던 대부분의 광복운동을 염두에 두지 못한 '대동단결선언'은, 광복투쟁 노선의 혼선을 초래하는 큰 원인 중 하나를 제공함.

223) 二千里火線: 의병부대들이 국내진공작전을 폈친 압록·두만 두 강 연변의 진공작전 지역.

224) 이상설을 정점으로 했던 광복운동의 초점은 일단 광무황제를 최고지도자로 다시 옹립함으로써 민족사적 정통성에 입각한 광복 전선의 힘찬 통일을 기약하고자 하는 데 맞추어져 있었음.

225) 선언 당시 미주의 교포들이 결성한 국민회의 중앙 총회장이던 안창호는 그때 미주에 있으면서, 선언에 가담했던 박용만(국민회의 부회장)·조성환·이일 등의 설득 활동이 있었을 것임에도 불구하고 선언서의 원문은 보관하되 호응은 안 했음. 미주 국민회의 지도급 인사들은 대체로 안창호와 같은 견해를 가졌던 것으로 알려짐.

226) 대동단결선언에 가장 깊이 관련한 인물로 주목받고 있는 조소앙조차도 그 당시를 회고하면서, "각자 영웅으로 할거한 각 단체는 하나도 여기에 호응해 오지 않았다."라고 했으니, 많은 사람들이 대체로 사태의 추이를 관망하는 태도를 취했던 것으로 볼 수 있음.

무오 독립선언문 요약

우리 대한은 완전한 자주독립과 신성한 평등복리로 우리 자손 여민에 대대로 전하게 하기 위하여, 여기 이민족 전제의 학대와 억압을 해탈하고 대한 민주의 자립을 선포하노라.

우리 대한은 예로부터 우리 대한의 한(韓)이요, 이민족의 한이 아니라, 반만년사의 내치·외교는 한왕·한제의 고유 권한이요, 백만방리의 고산·려수는 한남·한녀의 공유 재산이요, 기골·문언이 구아에 뛰어난 우리 민족은 능히 자국을 옹호하며 만방을 화합하여 세계에 공진할 천민(天民)이라. 우리나라의 털끝만 한 권한이라도 이민족에게 양보할 의무가 없고, 우리 강토의 촌토라도 이민족이 점유할 권한이 없으며, 우리나라 한 사람의 한인이라도 이민족이 간섭할 조건이 없으니, 우리 한(韓)은 완전한 한인(韓人)의 한(韓)이라.

…

슬프도다, 일본의 무력과 재앙이여! 작게 징계하고 크게 타이름이 너희의 복이니 섬은 섬으로 돌아가고, 반도는 반도로 돌아오고, 대륙은 대륙으로 회복할지어다.

…

아 우리 마음이 같고 도덕이 같은 2천만 형제자매여! 우리 단군대황조께서 상제에 좌우하시어 우리의 기운을 명하시며, 세계와 시대가 우리의 복리를 돕는다.

제21편
철편하(鐵鞭下)의 민생

사기합방 십여 년에
친일파 창궐하고
유사이래 아껴 살핀
만년 전한 비장보화(祕藏寶貨)

세계역사 유례없는
왜구비위 거슬리면
어둠 속에 숨죽이고
처절한 노예생활

일본과 협력하면
결일·연미(結日聯美) 연창하며
도살장의 소·돼지 꼴
피 말리는 수탈 보며

"일본을 이용하자."
그토록 당당터니
왜구 눈치 겹겹 보며
여전(如前) 애국 가식(假飾)하니

민족말살 시연(試演)되니
애국혼 쉴 곳 없어,
산천초목 거덜 나고
왜구떼에 다 털리네.

악랄무비 철권통치
생명·재산 기약 못 해
비탄에 눈물짓는
진저리가 쳐지누나.

개화·개명 빨리될 양
선각자연(先覺者然) 하던 자들,
집단학살 주검들과
무슨 개화 더 찾을꼬?

큰소리치던 자들
그 변설 다 어디 가고,
동포에겐 위세 부려
혹세무민 극심하네.

교활한 식민음모　　　　토지조사 내세워
순량한 농민토지　　　　위계(僞計)로 강탈하니,
조상대대 가꿔 온 땅　　 태(苔)질하에 사라지고,[227]
농토 잃고 남부여대(男負女戴)　걸귀(乞鬼) 되어 유랑하네.

사방팔방 그물 같은　　　밀정감시 치밀하여
네댓 명만 모여도　　　　반드시 탐지되니,
망국한(亡國恨) 맺혀도　　풀 길이 전혀 없어
종교집회 가탁하여　　　교당에서 한을 푸네.[228]

수천 년 자주독립　　　　민족정기 골격 된
선비정신 철편하에　　　갈가리 찢기니,
심약하고 힘없고　　　　갈 곳 없는 노예민중
구세주와 내세 찾아　　　마음길 방황하네.

---

227) 일제는 소위 조선태형령(朝鮮苔刑令)을 실시하여, 말단 순사까지도 즉석에서 무고한 양민들을 체포에서 질기디질긴 태(쇠좆매)로 가혹하게 처벌하는 악법을 시행함.

228) 일제하 망국민들이 모일 수 있던 유일한 장소가 종교 교당이며, 왜구는 왜구대로 많은 밀정들을 투입해서 각종 종교 집회를 철저히 감시하면서, 저들 목적에 맞도록 적절히 이용하기까지 함.

야소선교,[229] 외방선교[230]	정교분리(政敎分離) 구실로,
왜구들과 야합하여	현실도피 전당 되나,
한 맺히는 노예생활	출애굽기 방불하니
유태고사(猶太故事) 의탁하여	자유·해방 기약하네.[231]
홍암종사[232] 일찍이	을사오적 처단코저
동지규합 거사(擧事)하다	유배된 후 특사 받고,
한배검 인연으로	기유중광[233] 이룩하나,
민족혼 박멸 나선	왜구들의 표적 되네.

---

229) 주로 미국 선교사들에 의한 개신교 전파. 일제의 대한국 강점은 처음부터 영국과 미국의 묵인 내지 협조하에 이루어졌으므로, 양국의 외교관이나 선교사에 대한 일제의 기본자세는 배영주의(拜迎主義: 숭배하고 환영함)로 시종일관함. 이등은 감리교 감독인 해리스(M.C.Harris)에게 조선에서 계몽·교화를 맡아 달라고 부탁했고, 평양에 일본감리교회의 대교회당을 지을 때 1만 엔 거금을 지원하기도 함.

230) 프랑스 파리외방선교회에 속한 천주교 전파. 강제합방 당시 주교 1명, 외국인 신부 46명, 한국인 신부 15명, 교회당 69개에 신자가 73,000여 명이었던 천주교는 강제합방 후 신자가 급증하여, 로마교황청에서는 하나였던 조선교구를 경성교구(뮈텔 신부 지휘하에 충청도 이북 관할)와 대구교구(드망쥬(P. F. Demange) 신부의 지도하에 전라도 및 경상도 관할)로 나눔.

231) 기독교도들 중 뜻있는 이들은 한민족의 상황을 이집트의 노예 생활 하던 유태족에 비교해서, 예속에서 풀려날 희망을 가짐으로써 위안 삼음.

232) 진정한 의미에서의 민족종교인 대종교(大倧敎) 중흥 교조인 홍암 나철(나인영). 을사오적 처단 모의 중 체포되어 유배형에 처해졌다가, 광무황제의 특사령으로 풀려난 후 4242년(서1909, 기유년)에 대종교를 중광 함.

233) 己酉重光. 홍암 종사는 광복투쟁의 이념적 구심점 확립을 위해 수천 년간 전래해 온 단군숭배 신앙을 4242년(서1909, 기유년)에 부활시킴.

단군성조 개국하사　　　　배달민족 살피신 뜻,
반만년에 침탈되니　　　　보본대의[234] 암담하여,
속죄와 중광(重光) 염원　　구월산에 순명(殉命)하니[235]
청파호 푸른 물가　　　　　배달정기 피어나네.[236]

---

234) 報本大義. 민족사를 여신 삼성(한인·한웅·한검/또는 환인·환웅·단군)의 은혜를 보답함.
235) 홍암 종사는 왜구들에 의하여 대종교가 폐쇄되자 자신의 능력 부족을 한탄하며 4248년(서1915)에 황해도 구월산 삼성사에서 스스로 숨을 끊음.
236) 한반도 내에서의 대종교 포교가 엄금되자 대종교인들은 북간도 화룡현 청파호 기슭에 본부를 옮겨 포교와 광복운동을 함께 시작함.

제22편
전화(戰禍) 속의 세계

인류사상 처음 겪은	처참 무비 세계대전
수천만 살상되고	문명사회 회진(灰塵) 되며
열강세력 각축결과	승패 따라 부침(浮沈)하고
약소민족 독립열기	노예제족(諸族) 풍미하네.

인간사 혼미하니	사상 또한 혼미하여
혈연귀족 타파명분	자본귀족 활개치고,[237]
군주전제 비난 끝에	금주(金主)독재 판을 쳐서,
영악한 자 권귀(權貴) 되고	인간밀림(人間密林) 펼쳐지네.[238]

돈 있는 자 최상이고	돈 없는 자 최하이며,
돈 버는 자유가	'자유세계' 근본 되며,
부익부 빈익빈이	사회진화 증거 되니,
돈 없고 힘없는 자	그 누가 돌아보리?

"제국주의 본질은	국제자본주의라.
무산자[239] 총궐기로	봉건전제 타도하고,
제국주의 타파하여	평등하게 소유하자!"
구호 내건 혁명세력	노국(露國)민중 현혹하니,

---

[237] 프랑스대혁명 등 근대 부르주아혁명은 그 성격상 봉건귀족의 권력이 도시 상공업자들 중심의 자본가들에게 이전된 것임.

[238] 인간 사회가 적자생존 논리에 기반을 둔 제국주의 이념으로서의 사회진화론을 바탕으로 하는 야수적 실리 대결만이 판치는 야만화로 치달음.

[239] 無産者 = 프롤레타리아트. 가진 게 노동력밖에 없는 빈곤한 인생.

대독(對獨)전선 힘겨운데	노도동요(露都動搖) 심상찮고,
봉인열차 잠입으로	혁명열기 고조되니,[240]
권모술수 난무 끝에	다수파가[241] 정권 잡고,
곡창지대 할양조건	굴욕휴전 자초하네.[242]

민주독재[243] 가혹하기	군주전제 훨씬 앞서
오백 년 노국사직	우랄산의 고혼 되고,[244]
무산자 독재정권	사유재산 몰수함에[245]
내분 더욱 심각하고	자본열강 넘보네.[246]

---

[240] 서기 1917년 2월에 러시아 수도 상트페테르부르크에서 혁명이 일어난 후 니콜라이 2세는 미하일 대공에게 양위했으나 그도 사퇴했으므로 소비에트가 정권을 장악함. 당시 레닌은 스위스에 망명 중이었으나 독일 정객들은 그를 이용해 러시아를 굴복시키려고 레닌 측과 모종의 밀약을 맺고 비밀리에 소위 '봉인열차'에 태워 러시아로 돌려보냄.

[241] 볼셰비키.

[242] 러시아의 정권을 장악한 레닌 일파는 독일 측에게 러시아의 곡창지대인 우크라이나 등 광대한 남부 지방 일대를 할양하는 굴욕적인 '브레스트-리토프스크 강화조약'을 맺고 '조국방위전쟁'을 종료함. 서기 21세기 초에 벌어진 우크라이나 분쟁의 방아쇠가 됨.

[243] 레닌은 프롤레타리아 공포정치를 '민주독재'라는 신조어(新造語)로 합리화함.

[244] 니콜라이 2세와 황제 일가는 우랄산맥 중의 폐가에서 집단학살 당함.

[245] 특히 소규모 자영농에 대한 식량 수탈 등으로 농민들의 반발이 곳곳에서 발생하여 많은 희생자가 발생함.

[246] 일차대전 말기에 자본주의 열강들은 반혁명파인 러시아 백군을 원조하며 반혁명 연합전선을 펼쳤었으나, 소규모적이고 형식적인 데 그침으로써 혁명을 승인한 꼴이 되었고, 미국은 러시아 내 유전 이권에 깊이 개입함.

내외위기 소비에트	관료독재 철권통치,
열강세력 약화 노려	민족해방 주창하니
식민노예 약소민족	구세주를 본 듯하나,
음험한 혁명세력	내심은 알 길 없네.[247]

인류사상 첫 탄생한 　　　기묘한 탐욕세계,
자본독재 공산독재 　　　쌍두(雙頭)의 독수리가
유산자와 무산자로 　　　인류사회 둘로 갈라
약자 골라 짓밟으니 　　　그 정형(情形)은 한가질세.

자본·공산 두 주의가 　　　외견상 격돌하나
독재근성 민족말살 　　　세계주의 한통속.
입으로는 자유·평등 　　　민족해방 연창하나,
축재(蓄財) 자유·독재 특권, 　　민족말살 본연(本然)일세.

대전후반 승세좌우 　　　미국위상 상승하여
국제자본 종주(宗主) 되고 　　국제연맹 맹주 되니,
전 세계 금력·권력 　　　성조기에 매달릴 제
민족자결 제창하니 　　　구호만은 대의(大義)로세.

---

247) 볼셰비키 군대는 서기 1918년 2월에 중앙아시아의 코칸트에서 회교도 주민들을 대량학살 함으로써, 소련 내에서의 민족운동에 대해서는 가차 없는 탄압을 가하는 이중성을 드러냄.

제국(帝國)본색 변함없고 　　경제식민 확대하니
양두구육 표리부동 　　초록이 동색인데,
국제정치 흑막 모른 　　순진무구 약소민족
민족자결 문자 믿고 　　몽매에도 되뇌네.

제23편
만년통한(萬年痛恨)

혁명당 좌절 이후   황제감시 더욱 심해[248]
칠전팔기 비원(悲願) 속에   세계대전 끝나 가니,
평화회의 공감하여   파리 개최 예정되나,
승전국들 자축연에   전 세계가 들썩하네.

악운 강한 왜노들   대독선전(對獨宣戰) 여파로
승전국과 한패 되어   득의만면 활보하며,
태자 영왕(英王) 정략결혼   혈통혼잡 시키고자[249]
광무황제 회유하나   제(帝) 대노(大怒) 일갈(一喝)하되,

---

248) 왜구들은 광무황제를 모든 광복운동의 배후 조종자로 여겨 신한혁명당 사건 이후 더욱 엄중하게 감시하는 한편, 광무황제를 암살하려는 흉악한 음모를 추진함.

249) 일제는 병탄을 정당화하려고, 4241년(서1908)에 유학 명목으로 일본에 강제로 모셔 갔던 황태자 영(친)왕과 왜 왕족인 방자(芳子: 마사꼬)를 4252년(서1919) 1월 25일에 결혼시킨 후, 신혼여행이라는 명분으로 유럽 지방 여러 나라들을 친선 방문토록 하다가 강화회의가 개최될 때 참석시켜서, 그 자리에서 각국 대표들에게 한·일 두 나라가 동화(同化)되었다는 증거로 제시하려 함.

"원수나라 왕족 딸을　　　　며느리 삼는다니,
짐이 살아 있는 한　　　　　이 혼사는 못 한다!"
왜노들 자격지심　　　　　　크게 흔든 노한 음성,
한일합방 문서인정　　　　　노린 계략 처날리네.[250)]

믿던 우방 독일은　　　　　내우외환 패전하고,[251)]
지나는 군벌할거　　　　　　일제에 이용되니,
국권회복 기약할 곳　　　　평화회의뿐이라,
밀사파견 뜻하시니[252)]　　제명(帝命) 재촉함이러라.

---

250) 왜구들은 영왕 결혼 추진과 동시에, 한일합방이 양국의 합의에 의한 것이라는 문서를 작성해서, 매국노 윤덕영을 시켜 광무황제의 어새를 누르도록 핍박하려 하였으나, 광무황제는 거절함. 왜구들은 전직 고관들과 전국 각 단체들을 강박하여 억지로 한일합방 찬성 서명을 받아내려 하여 전국의 민심은 몹시 흉흉해짐.
251) 독일의 패전 원인 중 가장 큰 것이 공산폭동이었는데, 이는 노일전쟁 당시 러시아 민중폭동 때문에 러시아가 전쟁을 계속 수행할 수 없었던 상황과 비슷함.
252) 광무황제는 헤이그 밀사에 이어 파리평화회의에도 밀사를 파견하려 함. 밀사는 엄밀히 선정해야 하고 거사 자금도 필요했으나, 헤이그 사건과 강제합방 이후 왜구들이 궁중 예산을 대폭 줄이고 엄중한 감시를 하고 있었으므로 대단히 어려웠음. 태황제는 가장 신임하는 시종 김황진과 방법을 의논한 끝에 총독부로부터 10만 원을 받아내는 데 성공했으나, 의심 많은 왜구들은 한층 더 감시를 강화했으므로 더 이상 일을 추진할 수 없었음.

기미정월 이십일일   운명의 날이 오니,
건강하던 광무황제   즐기시던 식혜 들고
그 즉시 옥체(玉體) 구혈(九穴)[253]   피 쏟고 붕(崩)하시니,
이 무슨 경천동지   천고 없던 변괴런가![254]

난신적자 각본 따라   궁녀들에 혐의 씌워
참살한 후 증인·증거   인멸하려 잔꾀 쓰나,[255]
비보 접한 의왕은   현장에서 진상 알고
융희제께 알리니   의혹은 커지고,

황태자에 명하사   진상조사 시키시나,
간악한 왜구들은   황태자를 강제로
왜열도로 보내고   '급서(急逝)했다' 궤변하니,
세기적 대암살극   흑막 속에 가려지네.[256]

---

253) 신체에서 외부로 통하는 9개의 구멍. 눈·귀·코·입·요도·항문.
254) 윤덕영·한상학 두 적신(賊臣)이 황제의 식사를 받드는 두 명의 궁녀에게 부탁하여 황제가 드시는 식혜에 독약을 섞어 드리자, 이를 드신 황제의 옥체가 갑자기 물과 같이 연하게 되고 피를 쏟고 돌아가심.
255) 적신들은 곧 두 명의 궁녀도 위협해서 나머지 독약을 먹여 죽여서 입을 틀어막은 걸로 알려짐.
256) 진상을 눈치챈 의왕이 사건 내막을 융희황제께 비밀히 알리자, 융희황제는 황태자인 영(친)왕에게 진상 조사를 명했으나, 왜구들이 영왕을 강제로 다시 일본에 데려갔으므로 시해의 진상은 가려져 버림.

제아무리 왜구들이	진상은폐 급급하나
진실은 못 가리고	발 없는 말 천 리 가니,
광무황제 억울하게	독살당한 흉악한 일
불과 며칠 안 되어	대한인이 다 알았네.[257]
강제합방 체결 당시	훗날을 기약하고
교세확장 전념하며	때 기다린 천도교주[258]
격고문 몰래 돌려	민족의분 촉진하고,[259]
일대의거 도모하며	한판승부 틀을 짜네.
황상(皇上)독살 강행한	철면피한 왜노들,
흉악범죄 비난 일자	급히 국상 공표하나,
장례절차 제반양식	왜식으로 일관하니
왜족혐오 대한민중	이를 갈며 통분하네.[260]

---

257) 왜구들은 시해 사실을 감춘 채 서둘러 영왕을 결혼시켜 파리강화회의에 보내려고 했으나, 시해 소식은 시해 당일부터 궁중에서 흘러나와 곧 전국으로 퍼짐.

258) 손병희.

259) 천도교주 손병희는 시해 진상을 알린 격고문을 작성하여 비밀리에 전국 조직을 통하여 살포함.

260) 왜구들은 '황제의 장례일자는 3월 3일, 능의 위치는 양주군 미금면 금곡리로 정한다'고 공포하고, 장례위원으로 일제 고관 20명과 이완용·송병준·윤덕영 셋을 임명한 후, 인산일(因山日)을 3월 1일부터 3월 7일까지로 정하고 완전한 왜식 장례 절차를 발표함. 이에 국권을 강탈당한 대한국인들의 슬픔과 분노는 더욱 충천함.

광무황제 항왜의지	태산처럼 믿던 민중,
왜구철편 가혹해도	황제 위해 자중터니
왜독수(倭毒手)에 시해되니	어이없어 통탄하며,
국부·국모 모두 해친	철천지수(徹天之讐) 갚기 위해
솟는 분노 억누르며,	대한민중 힘을 모아
한날한시 목숨 걸고	척왜복수(斥倭復讐) 감행하려,
결행일자 헤어 본즉	국상일이 최적이라
전국지사(志士) 동참할 제[261]	대사(大事) 성사코저 하네.[262]

---

[261] 지방에서 몰려 온 선비들과 일반 민중은 머리를 풀어 헤치고 덕수궁 앞과 창덕궁 앞 거리에 있는 여관 등에 묵으면서 "이 악독한 왜놈들이 민황후를 참살하고 나라를 빼앗고 이제 또 태상황제까지 독살했구나." 하며 대성통곡했고, 서울시내는 울음바다가 되어 버림.

[262] 3월 1일 새벽에 동대문·남대문 등 주요 지역에 '국민대회'의 명의로 다음과 같은 내용의 벽보가 붙여짐.
"슬프다, 우리 동포요! 임금의 원수를 쾌히 설욕하고 국권을 회복할 기회가 왔도다. 같은 목소리로 상응하여 대사를 함께 이룰 것을 요한다! 융희 13년 정월 국민대회"

제24편
삼일 평화 항쟁

반만년 개국이래
성현유범(遺範) 뚜렷하여
양세(洋勢)편승 열도해적
성지(聖旨)²⁶³⁾는 간곳없고

한님이래 인륜예의
유사최초 망국한에
을미·기미 패악질에
애통한 국상참례

임진이래 삼백여 년
서운(酉運)이 득세하매
계천 의지(繼天意志) 광무개혁
살 찢는 철편하에

문명수호 나라 위해
항쟁이 치열하니
듣도 보도 못한 악형
태황마저 시해하니

변고 또한 많았으나
정도반본(正道返本) 이뤘더니,
태황제 시해함에
인륜조차 맥(脈) 끊기네.

가장 밝은 배달민족,
쌓이고 쌓인 설움
거센 분노 불붙어
곳곳에서 모여드네.

태평성세 구가하다
갖은 변고 요란타가,
기사회생 기약더니
노예민족 웬 말인가?

산화한 이 수십만
적 보복도 가공하여
애국지사 학살터니,
민족명운(命運) 갈 곳 없네.

---

263) 聖旨. 성현께서 가르치신 뜻.

수십만 백의군중	황성에 운집하니
왜구심사 불안하여	밀정대거 살포하여,
불평불만 감시하고	수상하면 미행하니
하고 싶은 말 한마디	제대로 못하겠네.

천하가 다 아는	악독한 시해사건
민족독립 역량결집	전화위복 호기 되니,
삼십삼인 회집(會集)하여	독립선언 낭독하나
평화시위 천명하고	자진해서 체포되네.[264]

황성중심 종로거리	탑골에 모인 민중,
의열학도 선도(先導)하여	대한독립 선언하고
태극기 휘날리며	노도같이 휩쓸면서
"대한독립만세!" 외쳐	천지가 진동하네.

백의민족 분노중천	왜구격멸 원하건만
'평화시위 원칙' 지켜	함성만 진동하니,
왜구들 기다린 듯	총칼로 쏘고 찔러
간절한 독립염원	피바다에 빠지도다.[265]

---

264) 3월 1일 오후 2시경 독립선언 대표 33인은 요릿집 태화관에서 독립선언서를 낭독한 후 곧 왜구들에게 알리고 자진 체포당함.
265) 평화적 만세시위자들에 대한 왜구들의 잔학한 탄압과 학살은 가히 발악적인 것으로서, 파리강화회의에서 한일합방이 대한국인들의 지지에 의해 이루어졌다고 선전하려던 왜구들의 의도가 완전히 빗나간 데 대한 보복으로 노약자들과 부녀자들에게까지도 온갖 만행을 자행함.

강한 자에 약하고	약한 자에 혹독한
치사한 왜구생리	잘 알 만도 하련만,
중무장한 살귀(殺鬼)에게	무얼 믿고 평화 구해[266]
처절한 시산혈해(屍山血海)	무수(無數)충혼 원귀 되네.

왜구본성 악독하니	독립구호(獨立口號) 백일몽에,
민족자결 고창되나	국제패권 굳히기라.
왜·미(倭美)밀약 긴밀커니	우방호응 기대난망,[267]
도왜(屠倭)만이 유일한데	평화시위 어디 쓰랴?

---

266) 기미독립선언문 자체는 일종의 낙관적 평화주의로 일관하고 있는 게 특징인데, 그것은 삼일광복투쟁의 주도 세력이 '민주정체'를 염두에 두었던 손병희 등 천도교 일부 지도층과 미국식 민주정체를 꿈꾸던 기독교 신자들이었던 사실에서 비롯됨.

267) '민족자결주의'를 제창한 미국 측은 공식성명을 통해, "조선 문제에 대해서 미국은 영국이 그 식민지 문제에 대하여 (영국 당국이) 대하는 것과 같은 태도를 취한다. '조선 문제는 순전한 일본의 내정 문제'이므로 우리 필리핀에서 폭동이 일어났을 경우와 같다. 폭동 진압을 위해 일본이 취한 태도에 대해 여러 가지 비판적인 보도가 있지만 이것은 대단히 의심스럽다. 국무성이 입수한 정보로는 일본이 특히 잔인하고 엄한 조치를 취했다고는 생각되지 않는다." 라고 논평함.

황성의 만세거사	순식간에 퍼져 나가[268]
민족터전 방방곡곡	만세외침 진동하나,
인면수심 왜구들의	총칼제물 되고 마니,
허울 좋은 평화시위	백날 해야 허사로세.[269]

척왜보국(斥倭報國) 전통 이은	향리칩거 선비들은[270]
충효바탕 타도왜구	의병기백 되살리니,[271]
잠자던 위국투혼	민중의분 분발시켜
무의미한 평화 대신	무력항쟁 폭발하네.[272]

---

268) 삼일광복투쟁이 중기 이후 도시에서 농촌으로, 신(新)학교 학생으로부터 서당 학생에게로, 또 비폭력운동으로부터 폭력운동으로 변해 가면서, 황정 복고 경향이 강하게 드러남. 즉, 삼일광복투쟁 과정에서 나타난 도시 인텔리의 비폭력·평화주의 노선보다 농촌 인텔리의 폭력·복벽주의 쪽이 우세였던 것으로 보이며, 두 노선의 대립은 그 후 상해임시정부의 외교노선과 간도 및 노령의 광복군 무장투쟁노선으로 뚜렷이 표면화됨.

269) 삼일광복투쟁의 주도 세력인 손병희 등 천도교의 일부 지도층과 기독교의 지도자들이 표방한 비폭력주의와 공화주의는 짝을 이루고 있었음.

270) 의병항쟁의 주역인 유림선비들은 여전히 농촌의 여론 지도자로서의 역할을 하고 있었고, 일제의 신교육에 저항하여 서당 교육을 강화함으로써 민중의 반일 정서에 부합하면서 더욱 그 지위를 높여 가고 있었음.

271) 유림선비들은 외세의 침범 이후 줄곧 반외세투쟁인 위정척사운동을 위시하여 의병 및 광복군 등의 결성에 앞장서 왔으니, 사실상 유림의 독립의지 표시는 기미독립선언보다 수개월 앞선 무오독립선언에서 이미 표출된 바 있음. 즉, 외견상으로는 '점잖은 선비'라는 일반적인 표현대로 대단히 신중하면서도, 실제에 있어서는 대한국인 사회의 그 어느 집단보다도 가장 반외세투쟁적 집단이 곧 유림이었음.

272) 평화적 방법으로는 결코 광복될 수 없음을 뼈저리게 재확인한 대한국인들은 실력으로 광복을 쟁취하려고 무력항쟁과 의열투쟁을 선택함.

강화이래 행패 부린	야만왜구 패악 보면,
온갖 정변 음모하고	나라재물 긁어 가고
국제사기 국권강탈	국부·국모 참살하니,
무슨 짓을 못 하며	누군들 못 죽이랴?
차라리 무기 들고	결사투쟁 일전(一戰) 벌여[273]
죽을 때 죽더라도	노예보단 나으리니,
나라 원수·임금 원수	신명 바쳐 설욕하고
기필(期必) 조국 광복코저	대한 민중 궐기하네.[274]

---

[273] 유림선비들은 성공 가망이 없는 평화적 시위보다 현실적인 대안으로서 무력 항쟁을 주도함. 삼일광복투쟁이 중기 이후 도시에서 농촌으로, 신(新)학교 학생들로부터 구(舊)학교 학생(즉, 서당학생)들에게로, 또 비폭력운동으로부터 폭력운동으로 변해 가면서, 황정복고 경향도 더욱 강하게 드러난 것으로 알려짐.

[274] 광복 염원에 불타는 대한국인들은 만주 지방에서 펼쳐지고 있던 항일전선으로 속속 모여들어 급속히 그 세력을 확장함.

제25편
임정과 황통

상해 임정 10개조 헌장

제1조 대한민국은 민주공화제로 함.

제2조 대한민국은 임시정부가 임시의정원의 결의에 의하여 이를 통치함.

제3조 대한민국의 인민은 남녀귀천 및 빈부의 계급이 무하고, 일체 평등함.

제4조 대한민국의 인민은 신교, 언론, 저작, 출판, 결사, 집회, 서신, 주소 이전, 신체 및 소유의 자유를 향유함.

제5조 대한민국의 인민으로 공민자격이 있는 자는 선거권 및 피선거권을 가짐.

제6조 대한민국의 인민은 교육, 납세 및 병역의 의무가 유함.

제7조 대한민국은 신의 의사에 의하여 건국한 정신을 세계에 발휘하며 진(進)하여 인류의 문화와 화평에 공헌하기 위하여 국제연맹에 가입함.

제8조 대한민국은 구황실을 우대함.

제9조 생명형, 신체형 및 공창제를 전폐함.

제10조 임시정부는 국토회복 후 만 1개년 이내에 국회를 소집함.

기미지성[275] 감천(感天)하나　　별종인류 열도흉적
극악무도 탄압으로　　　　　더욱 한인(韓人) 핍박하니
하늘 뜻도 사람 뜻도　　　　야만족엔 별 무효라,
타도 외엔 도리 없어　　　　투쟁 더욱 불붙도다.

해외망명 애국지사　　　　　삼일거사(擧事) 소식에
감격하여 거처마다　　　　　독립만세 호응하나,
열강의 무관심 속　　　　　　허사됨을 분히 여겨
해외광복 운동에도　　　　　뜻을 모아 서두름에,

삼일거사 뜻을 이은　　　　　한성정부 공표되니
적치하에 감행한　　　　　　불굴의기 장하건만
촌토(寸土)도 설 곳 없어　　　해외정부 추진하니
노령과 상해에서　　　　　　작은 결실 이루네.[276]

북변지[277]는 대한독립　　　무장항쟁 본거지요,
상해는 국제외교　　　　　　전개해 갈 적소(適所)인데,
무력뒷심 없는 외교　　　　　언어유희 불과하나
논란 거듭 숙의(熟議) 끝에　　상해본부 결성하네.

---

275) 己未至誠. 기미년 삼일만세투쟁의 지극한 정성.
276) 한성임시정부에 이어서 연해주 블라디보스토크와 상해에서도 각각 임시정부가 수립되었으며, 점차 상해임정으로 통합되어 감.
277) 北邊地 = 간도 및 노령 등 북방의 배달 고토(故土).

동아최대 국제도시 　　　　외교에는 적합하되
무력근거 멀리 있어 　　　　상호긴밀 소통 안 돼,
머리몸통 따로 놀아 　　　　외교·무력 갈등 일고
노선이 분분(紛紛)하니 　　　통합투쟁 난망이라.

상해의 임시의정 　　　　　망명지사 모여 열되
가장 중한 국체유지 　　　　무슨 일로 포기하고,
대동단결선언 취지 　　　　하나만을 고집하여
내외에 고립자초 　　　　　자충수를 두던고?

을미의병 거의(擧義)이래 　　풍찬노숙 한평생에[278]
만주노령 열염·풍설[279] 　　총창 움켜쥐고 버틴
광복전선 노투사들 　　　　웅장한 뜻 거룩한데
소장문객[280] 자의(恣意)대로 　임의(任意)헌장 추진하니,

---

278) 태평시대의 옛 제도를 우선 복구한 후 점진적인 국가발전을 도모한 이른바 '보황주의자'들은 주로 목숨을 건 무력항쟁에 전력투구함.
279) 熱炎·風雪. 뜨거운 여름 열기와 한겨울의 매서운 눈보라.
280) 少壯文客. 상해임시의정원 구성원들은 대부분 의병계열이 아닌 독립협회 및 계몽운동 계열의 문사(文士)들이었음.

만년유전 충효지도(忠孝之道)	국부상례(國父喪禮) 엄정하며
적도(賊徒)들에 시해되신	철천지한 들끓는데,
홍릉의 새 봉분[281]	마르지도 않았건만
무슨 심사 그리 급해	무군입국(無君立國) 자랑삼나?[282]

상해임정 발기함에	삼일정신 계승표방
뚜렷이 드러내니	삼일정신 그 무언가?[283]
광무황제 억울하고	비참하게 시해당해
민족원한 사무쳐서	목숨 걸고 궐기했네.

광무황제 환구단에	자주제국 선포하사
세계만방 교류하며,	인민 애호하시며,
군민동락(君民同樂) 성군치세[284]	이루고저 하시더니
시대가 패악하여	독수에 걸렸나니,

---

281) 광무황제는 경기도 남양주군 금곡리에 안장됨. 묘호는 홍릉(洪陵).
282) 임시의정원의 국호·관제·국무원에 관한 결의와 인선: 4월 11일에 국호·관제·국무원에 관한 문제를 토의하자는 현순의 동의와 조소앙의 재청이 가결되어 토의에 입(入)할 새, 선(先)히 국호를 '대한민국'이라 정하자는 신석우의 동의와 이한근의 재청이 가결됨. '민국' 명칭에 대해서는 대체로 '중국이 혁명 후에 새롭고 혁신적인 뜻으로 민국을 쓰고 있으니 이를 따르자'는 의견이 다수결로 채택됨.
283) 한일합방으로 대한국이 없어졌다거나 융희황제가 황제 자리를 물러났다고 하는 것은 일제가 시종일관 주장한 바이며, 대한국인들은 그러한 왜구들의 궤변을 받아들이지 않았기 때문에 줄곧 항일투쟁을 전개해 왔던 것이고, 삼일광복투쟁 자체도 새 나라를 만들자는 운동이 아니라 대한국이 여전히 독립국임을 세계만방에 선포한 '독립만세운동'이었음을 상기할 필요가 있음.
284) 聖君治世.

충군애국 의리 깊은   대한민중 애통하며
황제께서 못 이루신   대한제국 광복코저
남녀노소 모두 나서   독립만세 외쳤으니,
삼일민중 뜻한 바가   군부설욕(君父雪辱) 아니던가?

제26편
대한국체광복(大韓國體光復) 투쟁

광복투쟁 성패여부　　　　하나 됨에 달렸고,
비록 강제 합방이나　　　　국체 아직 엄연한데,
황제주권 부정하고　　　　국체도 뒤바꾼즉
국제공법 살펴봐도　　　　정통정권 난색일세.

외교정책 근본요건　　　　국가인정 우선인데
정통성 불명하고　　　　　주권소재 의아하니,
국제협잡 당사자인　　　　열강외면 당연하고,
일의대수(一衣帶水) 인접국도　필요 따라 이용하네.[285]

---

[285] 1차대전에서 의외로 승전국이 된 일제에 대해서 같은 연합국이었던 영국과 미국은 물론이고 연합국의 일원으로서 공산정권이 선 소련조차도 일제의 비위를 거스르지 않으려고 눈치만 살핌.

삼민호법 북벌[286] 시에	맺은 인연 가상하나[287]
친일·배만(親日排滿) 중화주의	배달중흥 흘겨보며,[288]
공산주의 레닌정권	민족해방 선전하되
푼돈으로 용역(用役) 삼아	동아적화 선봉 삼네.[289]

---

[286] 三民護法 北伐. 원세개 총통이 중화민국 약법을 폐기하고 스스로 황제가 되어 패권을 장악하려 하자, 삼민주의를 내건 손문 일파는 호법을 명분으로 북벌군을 일으켜 원세개와 맞섬.

[287] 상해임정 요인 중 신규식 선생은 호법북벌에 동참했음.

[288] 대한국 광복의 명분을 확고히 하려면 이민족 왕조의 지배에서 벗어나겠다는 신해혁명의 기본적 성향과는 그 본질이 다른, 우리 민족의 혁명 여건을 참조해서 차라리 신한혁명당이 시도했듯이 국체를 입헌군주제로 보존하고 발전시켜 가는 것이 더욱 타당성이 있었을 것이나, 임시정부가 위치한 상해의 입지 여건상 중화민국 측의 정세를 참작해야만 하는 필요성에서 중화민국의 예를 따른 것으로 볼 수 있음. 친중파·친소파·친미파 또는 '계몽주의자'들이 절대다수였던 임시의정원의 성격상 입헌군주제 아닌 공화제로 의견이 쏠린 건 할 수 없으나, 한족의 오랜 역사적 입장에서 볼 때 이웃 대한국의 강성이 반드시 반가운 일일 수만은 없음.

[289] 상해임정을 가장 먼저 승인한 것은 소련이었고, 구미제국은 임정승인에 대단히 인색함. 임정 중심 광복운동가들 중 많은 인재들이 공화제와 마찬가지로 그 본질을 이해하기 어려웠을 공산주의를 표방한 레닌에게 기울어졌던 것도, 그처럼 냉혹하기만 한 국제정세에 기인하는 것으로 봐야 할 것임.

대한제국 요인(要人) 없는
대외유일 대표구실
동농과 열혈 의왕[290]
상해망명 결행하나

임정정통 기로(岐路) 서고,
난맥상에 처하니,
대동단에 합류하여[291]
아쉬움 속 좌초되고,[292]

---

290) 동농(東農) 김가진과 의왕(義王) 이강(李堈).
291) 전 일진회원 출신이었던 전협이 자신의 과오를 청산하고 광복투쟁을 위하여 조직한 단체. 1차대전이 끝나고 광무황제가 왜구들에게 독살된 후 삼일운동이 일어나자 전협은 그 추이를 예의 관찰 하고 있었으나, 평화적인 만세운동의 방법으로는 아무 것도 얻을 게 없다는 결론을 내리고 전국적인 비밀 결사 조직인 대동단(大同團)을 결성함.
292) 김가진은 상해 망명에 성공했으나, 의왕은 압록강 건너 안동현까지 갔다가 체포당하여 삼엄한 연금 상태에 들어감.

삼일투쟁 모인 중의(衆意)	청산리에 작열하여[293]
세계전사(戰史) 기록 세운	대승첩 통쾌하나,
삼광(三光)발악[294] 극악한	경신참변 참혹하여[295]
소-만경계 은둔하나	흑하사변 통분하네.[296]

믿지 못할 국제정세	못 미덥긴 마찬가지
친일열강 물론이요,	지나·소련 대동소이,
저들 국익 확보 급급	대한(對韓)원조 난망인데
노선마저 분열되니	친소·친미·친중이라.

---

293) 김좌진 장군은 왜구들을 물리칠 광복투사들을 모집하는 데 있어서 다음과 같이 대단히 특색 있는 '모병권'을 사용함.
"통순화기 본호령 재백두산천지남 좌남향 북개설병둔 만한조선장정 훈련항왜지계 대한제 사고자서 불치 신인천관위기(通順和記 本號令 在白頭山天池南 坐南向 北開設兵屯 滿漢朝鮮壯丁 訓練抗倭之計 大韓帝 賜顧者庶 不致 慎認天官爲記)"
* 내용은 김좌진 장군의 모병 권한이 대한제(大韓帝)로부터 나온 정통성 있는 것임을 밝힌 것이며, 황제로부터 광복투쟁을 명받았음을 알릴 때 더욱 효과적으로 근황 정신이 투철한 의병 출신자 등을 규합하는 모병 작업이 이루어질 수 있었음을 알려 주고 있는 자료임.

294) 일제의 대표적 만행으로서, 광복운동 혐의가 있는 마을 주민들을 모두 죽이고, 빼앗고, 방화하는 완전 초토화작전.

295) 청산리에서 대패한 왜구들은 북간도 지방의 대한인들을 무차별 살육하여 수만 명의 사상자가 발생하고, 대한인의 마을은 거의 다 초토화됨.

296) 왜구들의 대한인 학살을 막기 위해 소-만 국경인 흑룡강 변의 '자유시'로 이동했던 대한독립군단의 광복투사들은, 소련 공산주의자들의 배신으로 인하여 포위된 채 집단학살 당하거나 포로가 되어 전력을 상실케 됨.

상가(喪家)주인 확실해야	부조라도 얻으련만
대상(大喪) 치르기도 전에	자식들이 상속 다퉈,
상주(喪主)마저 불명하니	주고파도 못 줄 원조
떡 줄 놈은 의향 없고	김칫국만 마시는 격

대한제국 광복염원	노투사들 일편단심
문명조국 광복코자	일신일가 쾌척(快擲)하니,
못다 이룬 광무개혁	기필코 완수하여
동도서기 대원칙과	만세황통(萬世皇統) 이으리니,

기원독립 일대군단	압록동서(東西) 왕래자재,[297]
멸왜복국 투쟁일선	한결같은 충혼일념,
만세불변 충군보국	왜구간담 서늘하고,
문명인류 정의수호	결사감투(敢鬪) 대의 빛나[298]

---

[297] 住來自在. 유인석 의병장의 문인(門人)들은 대한국의 광복을 위하여 한결같이 무력투쟁으로 일관하여 서간도에서 보약사(保約社: 유인석 중심), 농무계·향약계(農務契·鄕約契: 전덕원 등 중심), 포수단(砲手團: 조맹선 등 중심) 등을 결성하고 국내진공작전을 전개함.

[298] 서기 1920년도 초에 최대의 광복운동단체인 대한독립단은 상해임정의 영향을 받아 분열되고, 전덕원 등 보황주의자들은 기원독립단(紀元獨立團)을, 공화주의자들은 민국독립단(民國獨立團)을 결성함. 서기 1920년도 후반에 국내진공작전이 활발히 전개되자 왜구들이 간도에 침공하여 파괴와 학살을 자행했으나, 전덕원 등 기원독립단원들은 그에 굴하지 않고 환인현에 본부를 두고 계속해서 국내진공작전을 수행함.

난맥 이룬 상해정객   저마다 분립하여
창조·개조 결렬하고[299]   친공·반공 요란하며,
구미정객 외교광망(狂妄)   위임통치 불사하고[300]
홍구의거 비난하니[301]   백가쟁명(百家爭名) 길 갈리네.

---

299) 상해임정수립에 부정적이었던 애국자들 중 끝까지 광무황제를 정점으로 하는 망명정부 수립을 추진했던 이회영은, "정부라는 조직을 만들 경우 그 구성원들 사이에 허영과 지배욕으로 말미암아 권력 다툼 등이 일어나므로 독립운동을 전개해 나아가는 데 적합하지 않다."라고 상해임정의 앞날을 예언하는 듯한 주장을 했는데, 상해임정이 성립되자 같은 해 5월 중순경 북경으로 되돌아감. 즉, 이회영은 전체 항일투쟁가들의 대표 성격이 의심스러운 임시정부 형태보다는, 무장 항일투쟁가들의 연합체 형태가 바람직한 걸로 파악했던 것으로 볼 수 있음.

300) 미국 정부에 위임통치를 청원하고 다니던 외교제일론자 이승만이 임시정부 수반에 취임함으로써 임정의 앞날에 암운이 드리워짐.

301) 윤봉길 의사의 상해 홍구공원 의거에 대해서 이승만 등 외교파는 신랄하게 비난함.

제27편
황통(皇統)의 부침(浮沈)

태황제 시해 만행에	대한민중 통절하나
황통은 보존되고	융희제 엄존하니,
국상행렬 금곡 갈 제	유림선비 나아가서
주권회복 상주하니	그 뜻 곧고 옳도다.[302]

금상폐하 왜간(倭奸)들에	주권 강탈 당했어도
부자전교(父子傳敎) 굳게 지켜	광복의지 견고하되,
아편커피 후유증에	심신노고 극심하사
원통하게 붕(崩)하시니	민중 더욱 애통하네.

간악한 왜구진작	대한황통 단절시켜
지상유일 만세일계	왕계(王系) 자랑하려고,[303]
후사(後嗣) 없는 융희제	핑계대고 공작하나
태자영왕(英王) 강건하니	폐(廢)할 방도 묘연하네.

---

[302] 유생들은 손병희 선생의 격고문과 같은 내용의 격문을 국민대회의 명의로 돌려서 선황제·선황후(즉, 광무황제와 명성황후)의 원수를 설욕하자고 호소한 바 있고, 삼일독립선언 발표 다음 날 백관형·유예근·송주헌 등 10여 명은 수창동의 모 여관에 모여서 융희황제를 복위시킴으로써 인심을 수습하여 독립을 성취할 것을 결의함. 그들은 3월 5일에 융희황제가 우제(虞祭)로 나가는 도중 청량리에서, "강산도, 궁실도, 인민도 전과 같으니 다시 황제 자리에 좌정하시어 일국을 호령하시고 각국에 통보하십시오."라는 내용의 상소문을 올린 후 왜경들의 제지를 받아 크게 말썽이 됨.

어떤 유생은 같은 날 같은 장소에서 많은 사람이 모인 기회에 "지금 파리에서 민족자결주의가 제창되고 있으니 우리도 분발, 노력하면 독립을 완수할 수 있다!"라는 취지의 연설을 하고, 군중과 함께 만세를 외쳐 왜구들을 당황케 함.

[303] 왜족은 자칭 세계 유일의 만세일계왕가(萬世一系王家)를 저들의 민족적 자존심의 원천으로 함.

황태자[304] 은인자중	광무황제 교시(教示) 얻어
대원왕 본받아	참을 인 자(忍字) 심인(心印) 삼고,
죽음보다 더한 굴욕	희망 품고 인내하며
뜻 얻을 날 기다리니	춘추패자(春秋霸者) 기풍일세.[305]
융희제 붕하시고[306]	황위 또한 공망(空亡) 된 채[307]
독립운동 노선 갈려	구심점이 없으니,
한시 급한 광복행로	첩첩이 가로막혀
산발(散發)투쟁 연발하나	왜구 내심 흡족하니,[308]

---

304) 영왕(英王) 이은. 일제의 강제 조치로 왜왕녀 방자(芳子: 마사꼬)와 정략결혼 당하고, 역시 강제로 일본 육군사관학교에서 수학함. 속마음을 절대로 내비치지 않는 신중한 성격의 황태자임.

305) 춘추시대 진문공(晉文公)이 때를 기다리며 굴욕을 참았던 고사를 연상시킴. 한나라 명장 한신도 굴욕을 참고 성공한 고사가 있음.

306) 융희황제가 (음)4월 26일 붕어 직전에 시종이었던 전 궁내부대신 조정구에게 남긴 유조(遺詔)에서, "한일병합 인준은 역신의 무리가 제멋대로 선포한 것으로 내가 한 바가 아니며, 이른바 병합인준을 비롯한 한일 간 여러 조칙들은 파기해야 마땅하다. … 민족의 광복 노력에 혼백으로라도 돕겠다."라고 밝힌 바 있음(『한겨레』 4330년 11월 14일자 보도).

307) 융희황제의 사인(死因) 또한 여러 가지 의문점들이 많았으나 일제는 대한 황통을 단절시키는 절호의 기회로 삼고 황태자로 하여금 황위를 잇지 못하게 함. 황태자의 첫 아들 진(晋)도 의문사한 바 있음.

308) 정통성에 의거한 민족총단결로 대결하지 않는 한 왜구들로서는 큰 부담 없이 저들의 지배권을 영구화할 수 있음.

왜구막강 저력유래	존왕대화(大和) 한가지라[309]
저들과 맞서려면	정통단결 절실한데,
입헌·공화 갈등하며	친공·반공 상박(相搏)하니
소승(小勝)은 가능하되	대승(大勝)은 기약 없어,

광복노선 중심 없고	왜구 더욱 치성(熾盛)하니
좌충우돌 싸우건만	사세 날로 불리하나,
일제야욕 도를 넘어	아주전역(亞洲全域) 눈독 들여
태평양에 불붙이니	좋은 기회 찾아오네.[310]

최후의 기회 맞아	민족유일당 이루어[311]
광복역량 총집결해	국내진공 희망하나,
천하무도 왜구일족	원자탄에 두 손 드니
민족해방 맞았으되	두 상전이 대신 오네[312]

기미이래 이십육 년	수백만 생령(生靈)이
조국광복 비원(悲願) 품고	호국의 성좌(星座) 되니,
자립요건 충분하되	유일황통 부정되어
대한광복 목전에서	남북으로 갈리고,

---

309) 명치유신 이래 왜족은 존왕양이·화혼양재·대화혼(尊王攘夷·和魂洋才·大和魂) 등으로 정신을 무장하고 사상을 통일하여 막강한 저력을 기름.
310) 동남아시아와 서태평양 일대의 자원 독차지를 노린 일제의 진주만 기습으로 미일전쟁이 터짐.
311) 미일전쟁이 터지자 미국의 우방으로서 참전하기 위하여 좌우합작이 활발히 진행되어 민족 유일당으로서의 '한국독립당'이 결성됨.
312) 미국과 소련이 각각 한반도의 남과 북을 점령.

민회(民會)시절 강골선두[313]
황통은 간곳없이
민족전통 무시하고
삼족 멸할 부왜무리

나라광복 이룰 제
역사전통 이어 감이
대한제국 황통 서면
매국매족 사면받고

민족대의 바로 세울
비장한 각오로
대통령의 어거지로
적반하장 해체되니

미국 업고 귀향하니
뿌리 없는 대통령이,
양식국가(洋式國家) 건설 설쳐,[314]
기사회생 안도하니,[315]

민족정기 바로잡아
무엇보다 우선인데,
얼굴 들지 못할 자들
대를 이어 번성하네.

절호기회 반민특위
매국단죄 나섰건만
공산주의 누명쓰고
역적무리 살판났네.

---

313) 이승만을 지칭.
314) 이승만의 건국 구상이 미국을 모방한 기독교적 국가를 건설하는 데 있었음은 잘 알려진 사실임.
315) 국내에 정치적 기반이 박약하고 임정에서도 탄핵받았던 이승만은 미국의 노선에 맞춰 지지를 얻고, 친일부왜 무리들의 인력 및 자금과 결탁함으로써 민족정기를 크게 해침.

공산소련 후견 삼아　　　　북한권력 장악한
패권지향 풍운아는[316]　　　친일매국 처단하나,
유물론 근거하여　　　　　역사정통 외면하니
남북정권 유별하되　　　　정통박약 유사(類似)한데,

이미 정통 저버리니　　　　힘센 쪽이 정통이라
패권경쟁 불붙으니　　　　동족상잔 참혹하여,[317]
황화(皇化)는 간데없고　　　생존경쟁 치열하며
온갖 패륜·부정·부패　　　 인류 중의 열종(劣種)되고,

동족 겨눈 군비경쟁　　　　민족경제 파탄시켜
남쪽은 외채산적　　　　　북쪽은 국제걸가(乞家).
왜족 날로 번성하고　　　　사방열강 창궐하니
민족분열·분단·대립　　　　그 정황이 어떠하뇨?

민족통일 이루고　　　　　민족발전 이루는 일
한 가지서 비롯되니　　　　정통 바로세움이라.
대한황통 단절함이　　　　왜구 회심 작품인데,
대한인 언제나　　　　　　제정신 돌아올꼬···.

---

316) 김일성을 이름.
317) 이념 갈등에 따른 6.25 및 수많은 동족살상행위들을 이름.

제28편
혼돈 속의 좌표

황통 없고 교화 없어　　　　야만세계 도래하니
어느 것 한 가진들　　　　　온전할 수 있을쏘냐.
성현마다 타이르신　　　　　인륜도덕 무너지니
잡다한 인간만사　　　　　　적자생존 신탁(神託) 삼고,

이차대전 광란이후　　　　　국제정세 괴이하여
자유·공산 둘로 갈려　　　　열전·냉전 병치(幷熾)하며,
직접통치 안면 바꿔　　　　　신식민지 경제예속,
명색은 독립이나　　　　　　신생제국 피 말리네.[318]

말도 많고 반발 심한　　　　식민지배 물러나되
우방협력 미명하에　　　　　갖은 구실 주권침해,
명색은 평화로되　　　　　　국지(局地)분쟁 끊임없고
물질풍요 구가하되　　　　　기아(飢餓)사태 속출하네.

물질문명 만개(滿開) 속에　　정신문화 간데없고
황금만능 구가하니　　　　　인류도의 설 곳 없어,
앞다투어 바라느니　　　　　보다 많은 물질이요,
눈에 불 켜 구하느니　　　　재화 늘릴 궁리로다.

---

318) 이차대전 후 열강들의 식민지 지배 전략은 총독과 제국군대를 파견하는 직접통치로부터 현지인들로 구성된 정권을 배후에서 조종하는 간접통치 방식으로 바뀜.

세상 이리 패악하니
반민부왜(反民付倭) 무리들
양·왜문물 우선 삼아
전통문화 파탄 나고

부왜무리 유전(遺傳)하는
권력 주변 달라붙어
역사왜곡 앞장서며
교육열기 왕성하되

부왜도당 출세하고
반역자가 애국자 연(然)
사악한 힘 세상 덮고
이런 패악한 꼴 보려

정통성 없는 무리
제아무리 민초인들
민중비난 못 면하니

단손(檀孫)인들 어찌하랴?
민족정통 적시(敵視)하며,
물욕추구 선도(先導)하니,
온갖 악덕 만연하네.

해바라기 재주 부려
높은 자리 나눠 갖고,
가치관 파탄초래,
얼간이들 양성하네.[319]

애국지사 박대하며,
비난자를 되레 치네.
지선(至善)한 이 숨죽이니,
광복투쟁 했다던가?

위세 부려 군림하니
의분(義憤)이 없을쏜가.
민주독재(民主獨裁) 난무하네.

---

319) 단재 신채호 선생은 '역사 잃은 민족은 혼이 없는 민족'임을 설파했고, 백암 박은식 선생도 '역사는 국혼(國魂)'임을 갈파한 바 있음.

대통령 권세태중(太重)	갖은 악법 강제하고[320]
당주석(黨主席) 무소불위(無所不爲)	생사여탈 자재하니,
성군치세 어느 시대	유사(類似)독재 있었으며
중흥시대 어느 군주	포악하기 이 같던가?
세계일가 외치면서	동포·형제 핍박하고
만국평화 부르짖고	동족가슴 총칼 겨눠,
모든 가치 혼돈되고	민족정기 시들어 가
해빙(解氷) 이후 세계화에	국제치매 자초하네.[321]
돈벌이에 눈먼 양심	삶의 터전 파괴하여
유구한 금수강산	일변하니 공해강산.
비좁은 반도땅에	선진제국 포기직전[322]
핵발전소·핵쓰레기	민족생존 염두 없네.

---

320) 견제받지 않는 대통령의 독재는 전제왕권을 능가함.

321) 세계화 시대의 민족적 성패 여건은 민족 역량의 총결집에 의한 일사불란한 난관 극복에 있는데, 결집은커녕 남북분단과 사분오열된 민족 현실은 전혀 국제적 경쟁력이 없음.

322) 핵발전의 선두 주자였던 미국·스웨덴·영국·독일 등 대부분의 선진 공업국에서는 주민 반대에 부딪쳐서 핵발전을 줄이거나 포기함.

일상화된 위기의식	민중심사 더욱 꼬여,
여기저기 구원 찾아	객교(客敎)전당 번창하고,[323]
야만폭력 흉내 삼아	좁은 강토 휘저으니
강도·살인·유괴·겁간	말법(末法)시대 도래런가?
정통외면 정상배들	지도자로 자칭하며
조변석개 말 바꾸니	식언(食言)이 일상사(日常事)요,
이권 찾아 눈 밝히고	정략 따라 이합집산,
역대(歷代) 소인(小人) 간신배	한데 모은 형상일세.
민족문화 박제되고	민족정기 유린되니
세계특화(特化) 시대 맞아	정신공황 극심하여,
가장 민족적인 것이	가장 세계적인 것을
잊고 살다 만각(晚覺)하나	착수할 바 모르네.
반세기 민족 파탄	원인은 한 가지니
민족정기 못 세우고	유일정통 포기한 일.
무한경쟁 밀림생존	비방(祕方)도 한가지니
민족정기 바로잡고	유일정통 세움일세.

---

[323] 기독교 계통의 많은 유사종교적 말세 신앙이 광범위하게 퍼져서, 각종 사회적 병리 현상의 큰 원인이 됨. 그 외에도 남묘호렌게쿄 등 왜색불교 및 각종 혹세무민적인 사이비 신앙이 민족정기를 크게 좀먹음.

인륜도덕 회복함도　　　　이로부터 출발하고,
양심사회 재건함도　　　　이에서 비롯되니,
계천(繼天)정신 이어받아　　자주국가 확립하고
대한사람 대한으로　　　　길이길이 보전하세.

융희황제 유조

한 목숨을 겨우 보존한 짐은 병합 인준의 사건을 파기하기 위하여 조칙하노니, 지난날의 병합 인준은 강린(强隣, 일제)이 역신의 무리(이완용 등 친일파)와 더불어 제멋대로 선포한 것이요, 다 나의 한 바가 아니라. 오직 나를 유폐하고 나를 협박하여 나로 하여금 명백히 말을 할 수 없게 한 것으로, 내가 한 것이 아니니, 고금에 어찌 이런 도리가 있으리오. 나, 구차히 살며 죽지 못한 지가 지금에 17년이라, 종사에 죄인이 되고 2천 만 국민의 죄인이 되었으니, 한 목숨이 꺼지지 않는 한 잠시도 이를 잊을 수 없는지라.

깊은 곳에 갇힌 몸이 되어 말할 자유 없이 금일에까지 이르렀으니, 지금 한 병이 위중하니 한 마디 말을 하지 않고 죽으면 짐이 죽어서도 눈을 감지 못하리라.

지금 나 경에게 위탁하노니, 경은 이 조칙을 중외에 선포하여 병합이 내가 한 것이 아닌 것을 분명히 알게 하면, 이전의 소위 병합 인준(認准)과 양국(讓國)의 조칙은 스스로 파기에 들어가고 말 것이리라.

여러분들이여, 노력하여 광복하라.

짐의 혼백이 명명한 가운데 여러분들을 도우리라.

순종 황제께서 조정구에게 조칙을 나리우심.
- 미주 『신한민보』 1926년 7월 28일 -

대동단결선언문의 결정적 오류:
"… 1910년 8월 29일 융희황제가 주권을 포기하는 순간 그 주권은 우리 국민과 동지들이 돌려받은 것이다. 우리 동지는 당연히 삼보(三寶)를 계승하여 통치할 특권이 있고 또한 대통(大統)을 상속할 의무가 있다. …"

각 편의 도해 설명

1편 1883년 미국 공사 푸이를 수행한 '주이'가 소지했던 태극기

2편 한민족의 국가적 정통성의 큰 시조 단군 한배검 존영

3편 대한제국의 황궁우와 환구단

4편 서양문물 도입을 위해 미국에 파견한 보빙사 일행

5편 백두산 정계비

6편 갑신란을 일으켜 일제의 침략 발판을 제공한 원조 개화파 무리

7편 대한국을 두고 벌인 러시아·일본의 각축 풍자화

8편 왜구들의 무력시위하에 강제된 을사늑약 풍자화

9편 을사의병 지도자 최익현 선생

10편 헤이그의 세 밀사

11편 광무황제 어진

12편 대한제국군 강제 해산에 항거하는 대한국인들

13편 정미의병의 대한제국 군인과 청소년 의병들

14편 경부선을 따라 순행하는 융희황제(출처: 국립고궁박물관)

15편 안중근(대한국 참모중장)의 하얼빈 의거

16편 매국 집단 일진회의 강제합방 환영 광란

17편 항일 애국자들을 생체해부 하는 왜구 731부대의 광태

18편 13도 의병도총재 유인석 선생

19편 연해주 수분하 강변의 이상설 선생 유허비

20편 『신한민보』에 실린 융희황제의 유조

21편 감옥으로 끌려가는 애국자들

22편 독가스 생체실험장 일차세계대전

23편 융희황제의 장례 행렬

24편 여성들이 대거 참여한 대한독립 만세운동

25편 상해 임정의 헌장 10개 조항

26편 김좌진 장군이 살포한 모병권('황제의 호령'임을 적시)

27편 일본열도의 원자폭탄 폭발

28편 혼돈 속에 분열된 한민족의 국론

서사시 『대한애가』를 마치며

멀어져 가는 기억 속에 전설처럼 내려오는 이야기들이 있었다.

북풍한설 몰아치는 엄동설한의 만주와 연해주에서 조국을 찾겠노라 맹세하던 대한광복 투사들의 불굴의 투혼들이, 철벽같은 감시망으로 둘러쳐진 빼앗긴 산하에서 맨손으로 대한독립만세를 외치다 산화한 열사들의 영령들이, 신명을 바쳐 이루려 했던 광복된 조국의 이야기들이….

광기에 휩싸여 전개된 20세기 세계사의 격랑 속에 대한국인들의 간절한 염원은 완전히 무시된 채, 뒤죽박죽 전개되어 온 세계 패권 경쟁의 최전선에서 정통성이라는 단어의 의미조차 낯설어져 버린 혼돈의 시대가 펼쳐져 왔다.

그리고 대한국의 정통성이라는 용어는 모두의 기억에서 자의 반 타의 반으로 잊혀져 왔다.

그러나 누군가는 증언해야 한다.

단군조선으로부터 반만년 유구한 역사적 정통성을 이어 온 대한국이 추구했던 가치들의 무궁한 존속과 영광을 위하여 자신의 모든 것을 바쳤던 위대한 선조들이 있었다는 것을….

문학 전공도 아니고, 문학 소양도 전혀 없이 시골에서 늙어 가는 무지렁이 인생이 쓸 글은 아니겠지만, 뭔가가 가슴속에 쌓여 왔기에 풀어 놓을 수밖에 없었던 이 글을, 대한국인 안중근 의사와 유관순 열사의 영령을 기리며 남겨 본다.

4358년(서2025) 봄날에, 3월 1일(삼일절)과 3월 26일(안중근 의사 서거일)의 역사적 의미를 되돌아보며, 흑성산 동쪽 산골마을의 한 촌 늙은이가 풀어 씀.

부기(附記) — 건국절 논란을 지켜보는 저자의 시각

임시정부가 추구한 것은 복국(復國).
임정 산하 항일군(抗日軍) 이름은 광복군(光復軍).
임정과 광복군의 목적은 복국 행위를 통한 새 나라 건국.

그러나 복국은 새 나라를 만들자는 개념이 아니다. 강탈당했던 국권을 회복하여 정통성을 이어 가자는 게 광복이며 복국이다. 따라서 복국 후 건국이라는 개념은 다소 형용모순적이라고 볼 수 있다.

임정은 어디까지나 '임시정부'일 뿐, 대한국의 정통을 잇는 국가기구로서의 '정부'는 아니다. 즉, 유구한 민족사적 정통성을 가졌던 국가 — 일제에 의하여 강탈당한 국가 — 를 원상태로 회복하기 위하여 임시적으로 조직된 가정부(假政府)이다.
그렇다면 임정과 광복군의 최종 목적은 정통적 국가를 재건하는 것이어야 한다.
그러나 임정을 구성한 다수의 큰 목소리가 엉뚱하게 '새 나라'를 '건국'하겠다고 헛발을 짚으면서 분단의 한 축을 만들었다.
이 발상은 대한국을 '이미 없어진 나라(亡國)'로 인식하는 꼴이 되어 일제 침략자들을 매우 즐겁게 해 주었을 뿐만 아니라, 일제 강점을 강점이 아닌 국제법상 정당한 '합방(한일합방)'으로 일부 항일 조선인들이 자인하는 모양새가 되었고, 일제의 지배 논리를 합리화시켜 주는 중요한 단서의 하나가 되었다.

최근까지 불거져 온 소위 '건국절' 논란은 그 기반에 이런 역사 인식의 모순이 자리 잡고 있다.
건국과 광복은 완전히 다른 개념이다.
건국은 없던 국가를 만들거나, 소멸된 국가를 포기하고 새로운 국가를 만드는 것이다.
따라서 건국의 기본 조건은 대한국이라는 나라가 완전히 소멸되었다는 인식을 전제로 한다.
그 결과 대한국인은 사라졌고, 일본의 한 지방인 내지 변방인으로서의 조센징이며 일본 신민의 일부가 되고 마는 것이다.
그렇게 되면 한일합방 이후의 일제 통치 행위는 모두 국제법적으로 정당한 것이 되고, 그 통치에 반대하는 행위는 '반국가적 행위'로 강변될 수 있는 상황이 발생한다. 즉, '불령선인(不逞鮮人: 후떼이센징)'이 되는 것이다.
그처럼 혼돈 상황에 빠진 건국 추진조차도 다른 한쪽에서는 정통성이나 정당성을 인정하지 않는 일이 벌어졌고, 그나마도 그 임정이 제대로 한민족을 대표하는 정부로서의 국제적 인정조차 못 받아서, 귀극 후 정권 담당의 주체가 되지도 못하게 되었을 뿐 아니라, 부왜(附倭) 역적의 혐의가 짙은 다수의 엉뚱한 작자들이 남한 정권의 중요한 지위들을 장악하여, 민족정기를 완전히 바로 세울 수 있는 정통성과는 결별하여,

대동란(大動亂: 6.25)과 민족 분단 고착화의 강고한 기초가 되고 말았던 게 아니던가.

국권 강탈기에도 대한국의 정통성은 파행적인 형태로나마 가냘프게라도 이어지고 있었다.

임정조차 상징적 지도자로 추대하려 시도했던 의친왕이 있었다. 그의 처신은 매우 신중했으며, 은인자중(隱忍自重)하며 권토중래(捲土重來)할 기회를 도모하고 있었던 것으로 알려져 왔다.

대한국의 정통성 있는 후계자였지만 일본 왕실과 정략적으로 강제로 결혼당한 영친왕의 입지는 매우 곤란했을 것으로 보인다. 반면, 영친왕의 이복형이기도 한 의친왕은 미국 유학 경력 등 국제적 감각도 있고, 일제 감시에서 벗어나 임정과 합류하려던 대동단 사건의 당사자로서 항일 정신이 투철한 인물이므로, 복국이 추진될 때 당연히 임시 수반으로라도 추대되었어야 했으나, 역사는 파행의 길로 줄달음치고 말았다.

그리고 남은 것은 정통성 부재에 따른 권력 쟁탈전이었고, 6.25 동란이었고, 통탄스러운 민족 분단의 고착화이다.

어디서부터 통일의 실마리를 찾아야 할 것인가?

이 시대 상황에 책임을 느끼고 있을 모든 이들에게 남겨진 마지막 과제이다.